I0081996

Dr TH. PASCAL

LA SAGESSE ANTIQUE À TRAVERS LES AGES

Les grands Instructeurs de l'Humanité (Instructeurs préhistoriques)
Les grands Instructeurs de l'Humanité (Instructeurs historiques)
La Théosophie actuelle (Quelques-uns de ses enseignements)
La Théosophie pratique (Le Sentier)
La Théosophie mystique (La Loi du Sacrifice)
Appendice

PRIX : Un frano

PARIS
LIBRAIRIE DE L'ART INDÉPENDANT
10, RUE SAINT-LAZARE, IXe
1903

LA SAGESSE ANTIQUE A TRAVERS LES AGES

Dr Th. PASCAL

LA

SAGESSE ANTIQUE

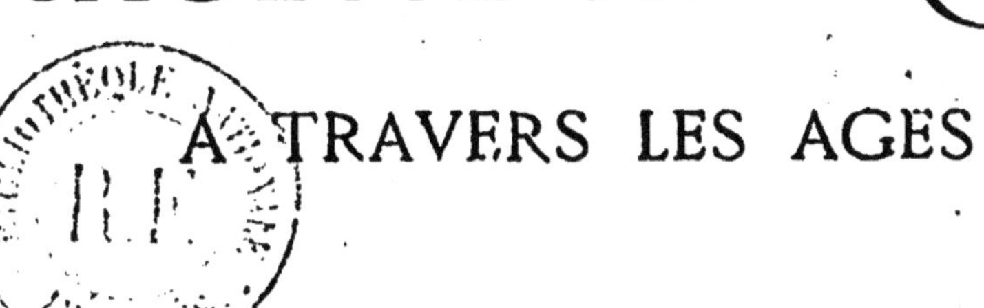

A TRAVERS LES AGES

Les grands Instructeurs de l'Humanité (Instructeurs préhistoriques)
Les grands Instructeurs de l'Humanité (Instructeurs historiques)
La Théosophie actuelle (Quelques-uns de ses enseignements)
La Théosophie pratique (Le Sentier)
La Théosophie mystique (La Loi du Sacrifice)
Appendice

PRIX : Un franc

PARIS
LIBRAIRIE DE L'ART INDÉPENDANT
10, RUE SAINT-LAZARE, IXe

1903

LES GRANDS

INSTRUCTEURS DE L'HUMANITÉ

INSTRUCTEURS PREHISTORIQUES

Mon principal objectif, dans cette série de conférences, est de faire connaître la nature véritable de la Théosophie, son origine, son objet, son but ; de montrer le sillon lumineux qu'elle a laissé derrière elle, à travers les âges, depuis la nuit préhistorique, et de faire passer sous vos yeux la chaîne ininterrompue des Instructeurs qui l'ont enseignée au monde. Je m'efforcerai aussi de prouver la complète, l'indiscutable identité d'enseignement, de méthode, et de but de la Société Théosophique actuelle et des grandes Ecoles philosophiques et religieuses qui l'ont précédée.

Le sommaire que l'on a largement répandu indique de quelle façon je me propose de traiter un aussi vaste sujet. Je parlerai aujourd'hui des grands Instructeurs de l'humanité, — sujet difficile et bien au-dessus de mes forces ! Veuillez donc m'accorder toute votre indulgence.

En vérité, je ne sais quel nom donner au passé quand il s'agit d'époques aussi reculées que celles où il me faut vous transporter. J'aurai en effet à vous parler de la Lémurie, — ensevelie maintenant sous les eaux du Pacifique, — alors qu'elle n'était pas encore recou-recouverte par l'Océan qui lui a dérobé son nom. Je vous entretiendrai d'une Europe, d'une Afrique, d'une Asie qui ne ressemblaient en rien aux continents qui portent aujourd'hui ces mêmes noms : la géographie et la géologie même de ces âges préhistoriques ont été complètement bouleversées. Quant aux villes, quant aux monuments qui pourraient nous parler de ce lointain reculé, le sable ou la mer les recouvre quand le temps ne les a pas anéantis : en fait ils font presque entièrement défaut.

Au point de vue paléontologique, mêmes difficultés, même pénurie. Les ossements des races humaines contemporaines de l'époque où je vous reporte sont enfouis avec les continents disparus ; ceux des races qui vivaient sur nos continents ont été incinérés, car si l'on en croit les annales des Initiés, li n'y a pas plus de 80 ou 100.000 ans que la crémation des cadavres a cessé d'être une règle absolue.

Et des bibliothèques que l'on peut appeler historiques, que reste-t-il ? Fort peu de chose. L'Egypte fut ravagée par plusieurs empereurs romains et par les premiers moines chrétiens ; la bibliothèque d'Alexandrie, partiellement et involontairement brûlée une première fois par César (48 avant J.-Ch.), fut presque totalement incendiée par les chrétiens au IVe siècle (390 après J.-Ch.), puis définitivement par Omar (640 après J.-Ch.). Le peu qui en resta fut copié par les Arabes, mais les autodafés ne tardèrent pas à en avoir raison. La bibliothèque de Persépolis fut détruite par Alexandre que, pour cette raison, les Parsis appellent encore « le Maudit ». Les bibliothèques chinoises furent anéanties (213 avant J.-Ch.) par le fondateur de la dynastie des Tsin ; un grand nombre de celles de l'Inde furent détruites par l'empereur Akbar au XVIe siècle, et les tuiles de cunéiformes assyriens sont connues depuis peu d'années seulement et bien fragmentaires encore.

Pourtant il nous reste quelque chose, — et c'est, tout d'abord, la Mythologie. — Mais quelle importance, diront quelques personnes, quelle importance peuvent avoir ces contes d'enfants ? — Détrompez-vous : la mythologie n'est point un recueil de contes plus ou moins absurdes ; la mythologie, pour qui en possède la clef, est à la fois une histoire, une science, une philosophie et une religion et nous essayerons de le montrer.

A côté de la mythologie, nous trouvons encore une autre catégorie de documents, documents plus ou moins défigurés, voire faussés et altérés dans leurs détails, mais dont l'ensemble comporte toujours un fond de vérité : c'est la tradition. — Quand une tradition, par exemple, rapporte qu'un continent entier a été englouti sous les eaux, le fait qui a donné naissance à cette tradition peut avoir été dénaturé sur des points secondaires, mais il n'en subsiste pas moins comme une réalité.

A côté de la tradition il y a encore les légendes, dont Augustin Thierry a dit que c'était « la tradition vivante, presque toujours beaucoup plus vraie que ce que nous appelons l'histoire » (1).

Enfin vient celle-ci. Elle est d'ordinaire, chez les anciens, sobre de détails, comme celle d'Hérodote, mais précise. L'on a pu essayer de tourner en ridicule le « Père de l'Histoire », jamais on n'a trouvé en défaut son exactitude ; bien des fois l'on a traité de pures inventions ses récits : par exemple, ce qu'il racontait de Charybde

(1) Cf. *Revue des Deux Mondes*, 1865.

et Scylla, des rochers qui se mouvaient sur les flots, et des pygmées. Tout a fini par s'expliquer : ce gouffre dont il parle a été retrouvé dans les mers du Nord, c'est le Maëlstrom; ses rochers mouvants sont les icebergs ; il n'est pas jusqu'aux pygmées, considérés si longtemps comme une bouffonne absurdité, que l'on n'ait retrouvés il y a quelques années, au centre de l'Afrique, dans la tribu des Akkas composée de véritables nains velus, aux bras démesurément longs et qui vivent en véritables sauvages dissimulés dans de hautes herbes qui les abritent et se rejoignent au-dessus de leurs têtes.

Bref, dans l'histoire d'Hérodote, bien des détails manquent assurément, mais aucun des grands événements qu'il rapporte n'a été reconnu controuvé.

A côté de son témoignage, viennent se placer ceux de Sanchoniaton, d'Eratosthène, de Ptolémée, de Platon et surtout celui des prêtres d'Egypte auxquels Solon s'est le plus spécialement référé.

Enfin, il est une autre source de renseignements à laquelle peut-être refuserez-vous de vous fier : ce sont les annales de ce qu'on appelle la Grande Fraternité.

Recueillies depuis que l'humanité existe, accumulées au cours des âges, ces annales relatent tous les grands événements qui intéressent l'humanité ; elles sont encore secrètes, mais les disciples des grands Etres qui forment cette Fraternité ont pu déjà nous en dévoiler certaines parties, et ils nous ont promis pour plus tard d'autres communications analogues.

La science actuelle ignore ou nie l'existence de ces annales ; et l'on ne peut l'en blâmer, car elle a pour devoir de n'accepter comme vrai, que ce dont elle possède pour elle-même la preuve absolue ; or ces annales, — très véridiques pour ceux qui ont pu les étudier, — elle n'a pu ni les consulter, ni les voir. Je n'en dois pas moins vous les citer et les résumer ici, ne fût-ce qu'à titre d'hypothèse; on les jugera par la lumière qu'elles projettent sur ces obscurs problèmes des civilisations passées. En les comparant avec les documents historiques ou mythologiques dont j'aurai l'occasion de parler, on verra qu'elles reposent sur un fondement solide et qui mérite d'être pris en sérieuse considération.

∴

Voici donc la grande question que nous examinerons tout d'abord : l'humanité fut-elle assistée dans ses premiers vagissements? des Aînés entourèrent-ils son berceau pour la préserver des dangers qui menacent tout nouveau-né ? Ou bien, est-elle venue au monde seule, isolée, sans défense, troupeau d'hommes primitifs, sauvages, ignorants, environnés d'une animalité puissante et redoutable?

L'opinion des hommes qui se sont voués à l'étude du passé n'est pas unanime ; les uns disent oui, les autres disent non : ce sont ces opinions contradictoires qu'il nous faut maintenant éclaircir.

Ceux qui disent que l'humanité n'a pas été aidée, qu'elle s'est élevée par ses propres efforts à la civilisation actuelle, sont surtout les mythologistes. Cette conclusion de leur part n'a rien qui doive nous étonner ; voici pourquoi.

Ils ont constaté le rôle immense que jouait la mythologie dans les civilisations primitives, — chez les sauvages, par exemple, elle tient lieu de tout, de science, de philosophie, de religion et d'histoire, — mais ils n'ont pas su la comprendre, ils n'ont pu s'expliquer les énigmes bizarres dont elle semble pleine, et comme la présomption humaine est sensiblement proportionnelle à l'humaine ignorance, ils ont immédiatement conclu que les mythes religieux ne pouvaient avoir de valeur que pour les cerveaux les plus rudimentaires.

« L'homme, ont-ils dit, est né ignare, et les mythologies ne sont qu'une floraison de son ignorance. »

« — Mais, répondent d'autres chercheurs, la mythologie n'est pas seulement estimée des sauvages ; tous les personnages distingués de l'antiquité l'ont tenue en grand honneur, et elle faisait partie de l'instruction, alors dispensée à un nombre restreint d'étudiants par une élite intellectuelle. »

La mythologie n'est donc pas appréciée seulement des sauvages. Et puis que sont les sauvages actuels? Des races arrivées à un stade plus ou moins grand de dégénérescence, comme le dit Max Muller. Mais que savons-nous des périodes qui ont précédé cette décrépitude? que savons-nous de leurs années premières? d'où ont-ils pris leurs systèmes mythologiques? Nous l'ignorons.

Qui pourrait donc affirmer que l'homme primitif était un sauvage ressemblant aux sauvages actuels? Comme nous le verrons, l'homme primitif était dépourvu surtout de mentalité élevée, mais il n'avait pas les instincts cruels des sauvages d'aujourd'hui.

Je le répète, la mythologie a besoin d'une clé, de plusieurs clés, même : elle a une clé cosmogonique, elle a une clé anthropogonique, elle a une clé spirituelle ; on doit employer l'une ou l'autre selon le plan sur lequel on la consulte.

Qu'est-ce, par exemple, que le mythe de Phaëton qui paraît si enfantin et ridicule? C'est l'histoire des grands évènements qui ont séparé deux périodes glaciaires ; le « dragon glacé » qui dormait et que le héros éveilla, c'est le Pôle dont les glaces se fondent s o l'influence de l'élévation de température qui résulte d'un changement progressif d'inclinaison de l'axe terrestre ; l'Eridan dans lequel est précipité Phaëton n'est pas le Pô, ce sont les mers du Nord ; je n'en veux pour preuve que les larmes des sœurs du prince infortuné, larmes qui deviennent de l'ambre : l'ambre, en effet, ne se rencontre que dans les mers polaires.

Prenez maintenant Castor et Pollux, les jumeaux de la Vierge Léda, qui vivent l'un le jour, l'autre la nuit : pouvons-nous supposer que les grands Etres d'autrefois aient pu être assez naïfs pour composer des mythes sans aucune signification ? L'un des aspects de ce mythe des deux jumeaux est un aspect anthropogonique : Castor et Pollux sont les deux aspects de la personnalité humaine. Pollux en est l'aspect supérieur, — l'âme en action dans le corps mental ; Castor en est l'aspect inférieur, — l'âme agissant dans le corps physique. Castor vit le jour, de la vie physique, de la vie d'incarnation ; Pollux vit la nuit, de la vie supérieure de l'homme qui dort ou de l'homme désincarné. En effet, quand l'homme meurt, c'est Pollux qui persiste, — le jumeau qui vit dans l'au-delà.

Qu'est-ce encore que Protée, cet être fabuleux qui change constamment de forme et ne dit la vérité que lorsqu'on est parvenu à le saisir et à le paralyser ? Protée symbolise la matière supérieure et subtile, modelée avec la plus grande facilité par la pensée, et qui revêt des formes à tout moment nouvelles ; ces formes sont semblables aux fantômes de nos demi-sommeils, qui passent d'une image à l'autre, de l'ange au monstre hideux, de l'homme à l'animal, sous le plus faible effort de la pensée. Voilà pourquoi Protée ment, pourquoi l'on ne peut saisir la forme changeante qui se manifeste sur ces plans de manière si subtile. Mais si l'on parvient à le paralyser, Protée dit la vérité, c'est-à-dire que si l'homme calme les vagues de cet océan sans cesse agité de sa propre mentalité, il peut apercevoir quelque chose de net, d'élevé ; les images, les pensées, les conseils, les inspirations de son âme en action dans le corps mental peuvent se réfléchir dans le lac aux eaux désormais tranquilles.

Ainsi donc, sans que j'aie besoin e beaucoup insister, vous voyez que, dans la mythologie, il peut y avoir et qu'il y a un élément sérieux et vrai.

Mais la mythologie n'est pas seule à témoigner du génie des grands Initiateurs de l'humanité ; nous avons encore, je vous l'ai déjà dit, l'histoire, la légende, la tradition, les annales diverses qui se sont transmises jusqu'à nous ; nous avons le spectacle imposant des religions primitives, aussi grandes déjà à leurs débuts qu'elles le sont aujourd'hui ; nous avons les philosophies des grands

Instructeurs qui n'ont jamais été surpassées ; nous avons, enfin, des monuments, des sciences, des arts, mille choses encore, très palpables, dont je parlerai tout à l'heure et qui attestent la présence et l'intervention de grands êtres dès le début de l'humanité.

RACES PRÉHISTORIQUES

Permettez-moi, d'abord, de dire un mot de ces humanités primitives.

Une humanité est un être collectif, en tout semblable à un individu ; comme lui, une humanité développe d'abord le corps, l'instrument qui sert à la manifestation des facultés de l'âme, de l'esprit ; c'est un processus évolutif très lent et très laborieux, mais en tout correspondant et similaire au processus évolutif de l'homme. Avant qu'un corps humain se trouve définitivement revêtu de la *forme* humaine, il lui faut vivre et grandir sept mois ; avant qu'une humanité soit complètement développée, il lui faut passer par sept stades, — les sept races.

Les premiers stades du développement des races produisent certaines phases spéciales, capitales de la forme, qui constituent ce que l'on nomme une race. Dans l'évolution embryonnaire de l'homme, chaque mois donne un aspect spécial au corps ; les trois premiers ne donnent que des formes embryonnaires ; vers le quatrième, la forme humaine est bien dessinée ; au septième, elle est parfaite, et les deux derniers mois sont destinés au parachèvement de l'individu qui, viable déjà, se perfectionne dans le sein de sa mère. Il en est de même pour les races ; sept stades principaux constituent les sept races. Pourquoi sept ? direz-vous. Peu importe : c'est l'antiquité qui nous a transmis ce chiffre ; si j'avais à traiter de lui, je pourrais vous montrer que le nombre est à la racine de toute évolution, et que ce n'est point sans raison que l'on a dit que Dieu « géométrise » dans la nature.

Le glyphe égyptien des races est une main ouverte, mais avec un petit doigt dont la longueur est diminuée de moitié pour indiquer que quatre races ont été pleinement évoluées, et que la dernière n'est qu'à moitié route dans son évolution ; les gnostiques avaient aussi un glyphe intéressant, « l'Arbre de vie », caractérisé par le Priape céleste qui surmonte le tronc : cet arbre a cinq branches coupées pour représenter les cinq races qui ont vécu. Chez les grecs, les races étaient représentées par des voyelles dont cinq étaient sculptées sur les panneaux des chambres d'initiation, les deux autres restant dans l'avenir ; chez les Latins, c'était les cinq voyelles a, e, i, o, u ; dans l'Apocalypse, les races sont symbolisées par sept rois : « cinq ont paru, un existe, le dernier reste à venir. »

Il y a là un « voile » placé pour dépister le profane ; il est dans les mots « un existe » ; il aurait fallu dire à la place : le sixième va bientôt paraître. Ces voiles couvrent toutes les écritures sacées antiques.

Je passe donc sur certaines obscurités pour arriver aux races préhistoriques, aux trois premières, qui ont été synthétisées par le nom de Préadamites, puis aux Lémuriens, et aux Atlantes.

Constituant la période embryonnaire de la formation des corps des races, les trois races préadamites n'avaient pas des corps comme les nôtres. Platon dans *Le Banquet* et dans le *Phédon*, dépeint la première comme des corps plus ou moins sphériques auxquels la tradition donnait des ailes. Ces ailes symboliques signifient la rapidité avec laquelle ces corps pouvaient se mouvoir ; Aristophane en parle aussi dans son théâtre, et les « roues » de la vision d'Ezéchiel peuvent se rapporter partiellement au même fait.

La deuxième race avait pris un commencement de forme ; la troisième eut une forme humaine. Cependant, dans les premières sous-races de cette troisième race, la sexualité n'existait pas encore. Voilà pourquoi l'on rencontre toujours l'idée d'androgynat quand on se livre à l'étude des humanités de cette époque reculée. Dans la Kabbale, le rabbi Siméon dit à ses compagnons initiés : « O, compagnons, compagnons, l'homme comme émanation est à la fois mâle et femelle ; c'est l'homme double ». Le *Pymandre* égyptien ajoute : « Tel est le mystère caché jusqu'à ce jour... l'Homme céleste a fait une chose merveilleuse... il a créé sept hommes, tous mâles-femelles... » Les étudiants de l'Hermétisme ont été tellement déconcertés par ces citations et par bien d'autres analogues, qu'ils ont dû admettre que l'Homme primordial, l'Adam Kadmon était androgyne.

La *Doctrine Secrète* (1) nous apprend que les deux premières races n'avaient, pour ainsi dire, pas de sexe ; que, dans la troisième, se fit la séparation : d'abord un bourgeonnement, une ovulation extérieure au corps, analogue à ce qui existe chez les poissons aujourd'hui ; puis une ovulation interne, véritable gestation donnant des formes non sexuées d'abord, androgynes plus tard, et finalement unisexuées.

L'androgynat existe encore dans une immense partie de la nature, — chez bien des plantes et des animaux rudimentaires, et la physiologie reconnaît dans l'homme les organes rudimentaires qui représentent encore l'androgynat primitif.

Tout cela est aussi confirmé par les Ecritures antiques. La

(1) De H. P. Blavatsky.

Kabale dit : « Il y a quatre Adams », — l'Adam est une race, donc quatre races. — Il y a « l'Adam saint et parfait, une ombre qui passe ». La première race ne pouvait être que « sainte et parfaite », au point de vue moral, du moins ; elle n'avait pas de mental, elle ne pouvait donc pécher ; l' « ombre qui passe » est une allusion à la subtilité de la matière qui composait les corps à cette époque.

Le deuxième Adam, c'est « l'Adam androgyne protoplastique » dont la matière ténue pouvait être modelée avec la plus grande facilité.

Le troisième c'est « l'Adam de *terre* » dont la matière était devenue physique. La matière, comme les corps, évolue et devient de plus en plus dense jusqu'à la quatrième race, celle qui se trouve au bas fond de l'arc évolutif, au point de rebroussement, au point tournant de la force. La Bible, symbolisant le même processus, revêt Adam et Eve de peaux de bêtes après la « chute » (qui symbolise la séparation des sexes, le changement de méthode dans la procréation); — telle est, du moins, là, l'un des multiples aspects de la « chute ».

La quatrième race, dont parle la Kabale, c'est « l'Adam de péché », — celle qui pécha après la « séparation ».

La Bible, à son tour, dit la même chose. Elle aussi a quatre « Adams » faciles à reconnaître en étudiant avec soin ses différents chapitres, en cherchant à comprendre l'histoire de Caïn et d'Abel, et d'Esaü et de Jacob. La première race, c'est « l'Adam Solus », — seul ; puis vient « l'Adam-Eve », — mâle-femelle ; malheureusement les traducteurs de la Bible ne l'ont pas toujours comprise et ont voulu, dans ces cas, la corriger ; ici, ils ont mis Adam et Eve, tandis que dans la Bible hébraïque non interpolée, on ne trouve qu'Adam-Eve ; ensuite, c'est « Adam et Eve », la troisième race après la séparation des sexes, — Dieu, pendant le sommeil d'Adam, prend une de ses côtes et en forme Eve ; puis c'est Caïn et Abel, — permutations d'Adam et Eve, comme disent les étudiants de la Bible, — qui représentent une phase particulière de la troisième race, celle où les sexes sont séparés et où la méthode de procréation devient ce qu'elle est encore aujourd'hui. La quatrième race paraît ensuite dans le mythe d'Esaü et Jacob, — Esaü, rouge et velu comme les Atlantes, Jacob glabre et blanc comme les Aryens. Dès le sein de leur mère, nous dit-on, ils se battaient : c'est l'histoire des luttes entre la quatrième et la cinquième race. Et ne voyez rien de contradictoire à ce que la cinquième race soit née alors qu'existait encore la quatrième. Les races, en effet, s'interpénètrent ; quand l'une est en pleine efflorescence, l'autre a déjà commencé de paraître ; nous sommes donc en présence de l'histoire des grandes guerres relatées dans bien des ouvrages mythologiques et historiques, entre les deux races, entre les deux frères.

La Bible lue au point de vue occulte, est fertile en révélations. Le « sommeil » d'Adam représente l'état de mentalité rudimentaire, pour ne pas dire absente, qui a précédé la naissance de l'humanité de la deuxième moitié de la troisième race. Le mental était absent alors comme il l'est aujourd'hui dans le fœtus, et il ne se manifesta dans la race qu'au fur et à mesure de l'organisation plus complète des corps, à mesure de la construction des centres nerveux. L'Adam pleinement éveillé, celui qui « connait le bien et le mal », c'est celui de la fin de la troisième race, quand la « séparation » est complète.

Les corps étaient gigantesques alors, et la longévité prodigieuse; je n'ai pas besoin de rappeler ici toutes les traditions qui en témoignent. Souvenez-vous seulement des longues années que vécut Mathusalem. Longévité et taille on décru progressivement, au fur et à mesure que la race avançait; et ce qui s'est produit pour l'homme se produisait en même temps pour les animaux. Aujourd'hui, le crocodile, l'alligator et le lézard minuscule représentent à peu près seuls les énormes sauriens d'autrefois, — des monstres longs de 15 à 20 mètres. Ainsi donc toutes ces décroissances, toutes ces modifications ont marché parallèlement.

Les races primitives habitaient des continents particuliers; la première habitait le continent polaire; la deuxième, ce qu'on peut appeler l'ancienne Scandinavie,— ces terres qui entouraient le pôle, d'un grand collier et que représentent encore, en partie, le Groënland, le Spitzberg, et qui possédaient un climat chaud; la troisième occupait la Lémurie, immense terre située à la place du Pacifique actuel et dont les affleurements océaniens sont les derniers vestiges.

Cette dernière était une race colossale comme en témoignent encore les statues gigantesques qu'elle nous a laissées, et que Cook trouva en débarquant dans l'île de Pâques. D'ailleurs ces témoignages ne sont pas les seuls; les Egyptiens avaient dans leurs traditions la race des *Héros;* chez les Indous, il y avait les *Danavas* et *Daityas;* à Ceylan, les *Rakshasas*; en Syrie et en Chaldée, les *Izdoubars*, — Nemrod était un Izdoubar —; en Grèce, les *Titans;* chez les Hébreux les *Ogs*, les *Goliaths*, les *Anakims* (*Nombres* XIII), les *Emmims*, les *Gibborims*, etc.

Un dernier témoignage se trouve dans les cinq statues de Bamian, dans l'Asie centrale, statues dont la plus grande a 60 mètres de haut, la seconde 40, la troisième 20, la quatrième 10, et la cinquième la taille de l'homme actuel : ce sont les représentants des cinq races.

En un mot, la tradition des Géants se retrouve partout et par suite il serait bien étonnant qu'ils n'eussent existé.

La troisième race était d'un jaune clair ; après la « faute », — et ici il me faudrait ouvrir une longue parenthèse si le cadre du sujet et le temps me le permettaient, — elle passa au jaune foncé et au noir, selon l'intensité des effets de la corruption.

Quant à la quatrième race, elle habitait l'Atlantide, ce continent qui occupait une partie de l'Amérique actuelle et ce qui est devenu, après le « déluge », l'océan Atlantique. Composée d'hommes de taille moins élevée que ceux de la race précédente, mais colossaux encore, sa première moitié fut de couleur rouge, et la seconde jaune. Ses émigrations se firent non seulement en Afrique et en Europe, mais même dans une grande partie de l'Asie, et cette partie de l'histoire n'est pas la moins intéressante quand on l'étudie dans les ouvrages produits par les initiés, disciples de la Grande Fraternité.

LES INSTRUCTEURS DES RACES PRÉHISTORIQUES

Quels ont été les grands Instructeurs de ces races préhistoriques ?

Dès le début des humanités, avec elles descendent sur la terre des grands Etres qui, par rapport à nous, sont divins. Ils ont évolué sur des planètes disparues, ils y ont appris ce que nous avons à apprendre sur celle-ci ; ce sont des Sages, des Aînés qui ont parcouru, avant nous, la route que nous devons suivre, qui en connaissent les dangers et qui peuvent nous aider à en franchir les obstacles. Ils forment une hiérarchie liée par l'amour, par l'amour de l'humanité, de leurs frères plus jeunes et inexpérimentés qui commencent à gravir leur calvaire, et leur but est de les aider de leur expérience. Ce sont ces sages qu'on appelle la Grande Fraternité ; de tous temps ils ont existé et ils seront avec nous tant que notre humanité n'aura pas achevé son évolution.

Ils habitent un point de la terre qui varie avec les époques : autrefois, c'était le continent hyperboréen, que l'on appelait le continent des « Dieux-rois » ; plus tard, ce fut l'Atlantide. Après la première catastrophe, — le premier déluge, comme dit la Bible, — ils habitèrent l'Egypte ; aujourd'hui, la Grande Fraternité est fixée dans l'Asie Centrale.

Cette fraternité est reliée au reste du monde, non seulement par certains de ses membres qui habitent çà et là parmi les civilisations, mais par les disciples de ces membres et les élèves de ces disciples qui sont répandus un peu partout ; elle forme comme un grand arbre dont les branches et rameaux couvrent la terre entière. Elle est une, mais au point de vue fonctionnel, on peut la subdiviser : une partie de ses membres forment ce qu'on a appelé symboliquement l' « Arbre de vie » ; l'autre constitue l'« Arbre de la science ». L'Arbre de vie préside au développemeut des corps physiques des races ; les Etres qui appartiennent à cette division de la Grande Fraternité s'occupent de la direction de l'évolution des corps. Chaque race, en effet, doit posséder, au point de vue physique, une caractéristique appropriée à la qualité que doit évoluer cette race. Ainsi, la troisième race, évidemment psychique, avait à développer le côté sensationnel, émotionnel ; la quatrième devait évoluer le côté intellectuel inférieur, — l'intelligence analytique ; la cinquième race, la nôtre, développe, parachève le développement de l'intelligence inférieure en développant très largement aussi l'intelligence supérieure, — celle qui synthétise et conçoit l'unité.

A chacune de ces modalités des qualités correspond une modalité de construction du cerveau ; c'est cette modalité particulière qui est dirigée par le travail des Manous, et les Manous appartiennent au côté « Arbre de vie » de la grande Fraternité : je parlerai de l'un d'eux avec plus de détails dans la prochaine conférence.

Ce qu'on a appelé « l'Arbre de la Science » préside au développement des qualités elles-mêmes, à l'instruction de l'humanité. L'instrument est construit il s'agit de le mettre en œuvre ; il est certaines méthodes qui facilitent l'évolution ; les grands Etres sont chargés de les appliquer.

On compte, d'ordinaire, un grand Instructeur par sous race, — chaque race se divise en sept sous-races, chaque sous-race ayant elle-même à évoluer telle ou telle qualité suivant un certain ordre qui se répète à chaque race. Comme nos âmes, par la réincarnation, passent successivement dans toutes les sous-races, nous apprenons ainsi, peu à peu, tout ce que nous devons savoir.

Ce sont ces sept grands Instructeurs de chaque race que nous retrouvons dans toutes les traditions ; on les a appelés les Rois, les Dieux, les demi-dieux, les Seigneurs de Sagesse, les Seigneurs de Compassion, les divins Héros, les Régents, les Puissants, les Serpents aussi, — car le Serpent est un symbole de l'Initiation. « Soyez sages comme des serpents ! » nous dit Jésus. — On traduit « prudents » mais c'est un tort. Ces grands Instructeurs président à l'instruction des races ; ils ont découvert le feu, établi les langages, enseigné à nos lointains ancêtres l'art des constructions et l'agriculture ; ils leur ont même apporté le blé, plante qui ne croît point à l'état sauvage et dont le seigle et l'orge ne sont que des hybridations. Enfin ils ont enseigné aussi les sciences et les arts dont nous allons parler.

Ces grands êtres frappent une note fondamentale, puis laissent à leurs disciples le soin de la mettre en valeur dans ses détails ; ils reviennent ensuite, de temps en temps, pour faire vibrer la même corde, et réveiller les oreilles de l'humanité ; c'est pour cela que leurs noms forment, pour ainsi dire, des dynasties. Les égyptologues reconnaissent cinq Hermès ; il y a sept Manous et une longue suite d'Enochs ; les Zoroastres étaient peut-être quatorze, dit-on ; en tous cas, celui dont parle Aristote était le septième ; Apollon est apparu dix fois, suivant les traditions : quatre fois comme divinité et six fois comme Roi divin ; Cicéron dit qu'il y a eu cinq Bacchus, — Bacchus était un symbole de la divinité ; c'était le nom que l'on donnait alors aux grand Instructeurs qui la représentent. Tous ces êtres sont les inventeurs des lettres, des arts et des sciences, tous sont les Initiateurs aux Mystères.

∴

Désirez-vous maintenant quelques preuves légendaires ou traditionnelles de l'existence de ces grands Instructeurs ? Dans la *Genèse d'Enoch*, livre d'une antiquité fabuleuse, on en voit la trace très nette ; on la trouve aussi dans le *Pymandre* égyptien ; Panodore parle de sept Rois divins qui ont présidé à l'évolution des races. Les patriarches bibliques sont des types des mêmes grands instructeurs. Le principal est Enoch qu'on appelle le « divin géant » ; dans le *Celepàs Geraldinus*, ouvrage assez rare (1), il est dit que, « après avoir établi les cérémonies et les rites du culte primitif, il se rendit vers l'Est, fonda 140 villes, puis revint en Egypte pour en être roi ». Les traditions islamiques parlent aussi de lui ; dans l'*Historia antéislamitica*, par Ed. Fisher, Abul Feda dit qu'il inventa la « langue sabéenne » (l'astronomie), et le *Koran* l'appelle un Edris, un des Savants, un des Grands Etres. Or si Enoch joue un tel rôle, non seulement dans la religion hébraïque, mais encore dans les religions voisines, c'est qu'il est le septième patriarche ; le nombre 7 est le symbole commun à tous les initiateurs : Orphée a une lyre à 7 cordes, Toth a sur la tête un disque solaire à 7 rayons ; Enoch correspond, au point de vue astrologique, au signe zodiacal de la *Balance*, le 7e ; il représente le grand Instructeur qui a conduit la troisième race jusqu'à la quatrième, jusqu'au déluge, léguant à Noé, dit la tradition, toute la science du passé.

Mais pourquoi, demanderez-vous, pourquoi Enoch est-il symbolisé par la Balance ? c'est parce que la Balance représente occultement le processus de la transformation des sexes dont je parlais

(1) Cité par de Mirville *Pneumatologie* III, 29.

tout à l'heure. Avant lui, c'est la *Vierge*, — la création pure, divine ; après lui, c'est le *Scorpion*, la procréation charnelle. Tous les astrologues savent cela. La *Balance* est le point médian, l'intervalle qui sépare les deux procédés créateurs ; ses deux plateaux indiquent la séparation des sexes.

*
* *

La mythologie vient ajouter sa part de confirmation aux traditions sur les Grands Instructeurs. Aux trois premières races, les Préadamites, furent donnés des guides particuliers, les Rois d'Edom, d'après la Kabale. Uranus, Saturne, Jupiter sont les types spéciaux des instructeurs des deuxième, troisième et quatrième races. Et ici, remarquez encore une allégorie admirable, quand on en possède la clé. Saturne ou Chronus mutile son père Uranus ; cela signifie qu'à l'époque de la troisième race, la création cessa d'être pure, cessa d'être le seul résultat de la volonté, pour se produire par la méthode ordinaire. Chronus n'avait donc plus besoin de la méthode de création d'Uranus, laquelle n'était même plus possible, — c'est pourquoi l'allégorie parle de la mutilation de ce dernier.

Avec la quatrième race vient Jupiter qu'on appela aussi Neptune, roi des eaux ; ceci rappelle les Atlantes, peuple esssentiellement maritime ; Jupiter c'était aussi Poséidon dont on retrouve le souvenir dans le nom de Poséidonis, la dernière île de l'Atlantide qui disparut à la suite de phénomènes volcaniques terribles, et dont nous avons la description suffisamment détaillée dans un écrit déchiffré par l'abbé Brasseur de Bourbourg et le docteur le Plongeon, — le *Troano* trouvé en Amérique Centrale par un Espagnol qui lui donna son nom.

Nous connaissons aussi une tradition venant donner une confirmation nouvelle sur le point que nous traitons, c'est l'île de Delos que Pline appelle *Osericta*, nom qui d'après Rudbeck veut dire, dans les langues du Nord, « l'Ile des rois-dieux » ; cette île fait partie du groupe découvert par Nordenskjold et est un des vestiges de cette ceinture polaire du continent hyperboréen qu'habitait la deuxième race. Diodore de Sicile l'appelle *basilea* (royale), l'île des Dieux-rois.

*
* *

Nous avons encore d'autres documents : les « dynasties » atlantes sont rappelées par Hérodote et ses maîtres, les prêtres égyptiens, par Platon et par d'autres encore. Voyez aussi ce qu'en dit le Père Kircher dans son *Œdipus Ægyptiacus* : « Je confesse que, pendant longtemps, j'avais regardé les dynasties divines de l'Atlantide comme de pures fables, mais le jour où je fus mieux instruit des langues orientales, je compris que toutes ces légendes devaient être, après tout, le développement naturel d'une grande vérité. »

Voyez encore Boulanger, dans le *Règne des Dieux* ; il s'exprime à peu près en ces termes : « Il est étonnant que d'aussi intéressantes annales aient été rejetées par tous les historiens. Nous les nions aujourd'hui parce que nous ne les comprenons pas, mais les anciens, bien plus près que nous de ces époques maintenant fabuleuses, devaient avoir les preuves de leur exactitude, et c'est pour cela qu'ils y croyaient fermement. Platon, par exemple, dans le IVe Livre des *Lois*, dit que bien avant la construction des premières villes, Saturne avait établi sur la terre une forme de gouvernement sous laquelle les hommes vivaient parfaitement heureux ; Platon parlait évidemment de l'Age d'or, de l'Age de ces antiques Rois-dieux... »

Cyrus mourant remercie les « dieux » et les « héros » de l'avoir si souvent instruit sur les « signes du ciel » (l'astronomie). (Xénophon *Cyropédie*, VIII). Les dynasties chinoises ont aussi leurs rois-divins, demi-dieux et héros. Les dynasties indoues des Prajapatis sont au nombre de dix, mais ce chiffre se réduit à sept, parce que, dans la numérique mystique, la triade supérieure, la tête, symbole de la Trinité n'est jamais comptée : le Manou dit qu'elles ont régné pendant 4 320 000 ans. Les dynasties chaldéennes sont censées avoir régné 432 000 ans avant le déluge ; il est fort probable qu'ici un zéro est resté dans l'encrier du copiste. Enfin les rois des dynasties atlantes et égyptiennes portaient toujours ces mêmes titres de dieux, demi-dieux et de héros. Interrogés à ce sujet par Hérodote, les prêtres égyptiens lui montrèrent 345 statues, d'énormes colosses en bois, dont chacune avait son nom et son histoire, en lui disant qu'elles représentaient non seulement les dynasties humaines qui avaient commencé avec Ménès, mais aussi celles nombreuses qui avaient précédé, — les dynasties des héros, des demi-dieux et des dieux, y compris les Pontifes *Piromis* nés, dit la tradition, sans le secours d'une femme ; — c'est l'origine d'un aspect de la doctrine de l'Immaculée Conception.

*
* *

Je laisse ces dynasties pour passer à une autre série de preuves. Celles-ci seront plus concrètes, et nous serons moins obligés de croire aveuglément, bien que la foi ne soit pas aveugle quand les témoignages sont aussi unanimes et aussi concordants, et qu'il nous sont fournis par des hommes aussi élevés que les historiens dont je viens de parler.

Les arts perdus : l'acier de Damas, les épées dont on ramenait la pointe à la garde sans les briser; la pourpre de Tyr; le vermillon de Luxor; le verre malléable qu'on pouvait marteler comme du plomb ; la pierre de Memphis, anesthésique superficiel et profond qui n'intoxiquait pas le système nerveux ; le ciment antique dont on a perdu le secret; les pierres précieuses artificielles comme la fausse émeraude du vase de la cathédrale de Gênes présentée à l'Institut par Napoléon et qui fut reconnue comme une pierre précieuse artificielle de composition inconnue; le papyrus si solide et si fin qu'une seule feuille, renfermée dans une coquille de noix, contenait l'Iliade tout entière, — avons-nous retrouvé tout cela ? Je ne le crois pas.

En médecine et en cosmétique, nous trouvons des recettes étonnantes dans le papyrus d'Ebers.

Le feu encore est une preuve concrète de l'influence des grands Etres; sa découverte reste encore un mystère. La domestication des animaux n'est-elle pas étonnante ? je ne sais si dans les temps historiques on a domestiqué un seul animal ; tous nos serviteurs actuels ont été domestiqués dans les temps préhistoriques, et les initiés disent que bien des animaux étaient en voie de domestication quand l'Atlantide s'effondra sous les eaux ; certains animaux ressemblant à de grands chats, allaient devenir nos auxiliaires quand ils ont disparu. D'autres, assez analogues au chameau, n'ont pas vu leur domestication achevée et sont peut-être devenus les lamas d'aujourd'hui ; on nous dit encore que le lion lui-même allait être domestiqué, qu'il devait servir à la traction, et qu'il incombera aux humanités futures sous la direction de grands êtres qui reparaîtront, de reprendre cette tâche interrompue.

J'arrive aux sciences.

L'astronomie antique était d'une admirable perfection ; cela étonne d'autant plus les savants modernes que leurs lointains prédécesseurs n'avaient à leur disposition que des moyens rudimentaires d'observation. Comment se fait-il qu'avec des instruments aussi simples que ceux des astronomes de cette époque, Hipparque ait pu calculer la précession équinoxiale avec une telle précision que ses calculs ne diffèrent des nôtres que de 2' ? Et encore, qui donc oserait dire que dans le mouvement de la terre autour du soleil, il ne s'est pas produit depuis un changement de nature à expliquer cette différence ? comment comprendre l'antique développement de cette science si l'on refuse d'admettre l'aide efficace des grands Etres qui accompagnaient l'humanité primitive ?

Epigène, cité par Pline, dit que les Assyriens avaient observé pendant 720.000 ans ; Hipparque, au contraire, réduit ce chiffre à 270 000 ans ; et ceci est confirmé par Jamblique qui s'exprime ainsi :

« Les Assyriens ont non seulement conservé le souvenir de 27 myriades d'années, comme le dit Hipparque, mais celui de toutes les apocatastases et périodes des 7 Régents du monde. »

On trouve dans un ouvrage babylonien, *Les observations de Bel*, la constatation d'une longue série d'éclipses, et la preuve que le soleil à l'équinoxe de printemps se levait alors, non dans les Poissons, comme aujourd'hui, mais dans le Taureau : c'est le professeur Sayce qui le dit dans ses *Conférences sur le développement des religions*, 1887.

Mackey, se fondant sur des preuves que je ne puis discuter, prétend, dans la *Sphynxiade*, avoir la preuve que les Indous avaient fait des observations pendant 7 à 8 millions d'années, mais en tous cas, la *Doctrine Secrète* confirme son assertion.

Le Zodiaque était d'un grand intérêt chez les anciens. Volney dit que le zodiaque grec date de près de 17000 ans. Schlegel assigne à la sphère astronomique chinoise 18 000 ans d'existence ; Bailly, au siècle dernier, affirmait que le zodiaque indou est le plus ancien, et il est sur ce point confirmé par la *Doctrine Secrète* qui assure que le zodiaque indou vient des grands Intructeurs de la 3ᵉ race, les Fils de la Yoga, et a été transmis traditionnellement d'initié à initié, tandis que les zodiaques égyptiens viennent des Atlantes de la grande île de Routa, et ont été apportés avec la 2ᵉ émigration d'Atlantes, c'est à dire il y a environ 75 000 ou 80 000 ans.

Les zodiaques peuvent nous éclairer à un autre point de vue. La science officielle prétend que l'inclinaison de l'écliptique sur l'équateur ne varie que de quelques degrés ; au contraire, les traditions disent que l'axe polaire a changé complètement. Certains zodiaques égyptiens sembleraient en donner la preuve ; ainsi Mackey affirme dans *l'Astronomie mythologique des anciens*, que, dans deux zodiaques égyptiens, il a trouvé le Capricorne au Nord et le Cancer coupé en deux au pôle sud, ce qui prouverait une inversion complète de l'axe. Hérodote reçut des prêtres d'Egypte l'assurance qu'autrefois l'équateur était coupé à angle droit par l'écliptique. Solon reçut le même témoignage : « nos ancêtres ont observé pendant une période si longue, lui dirent les prêtres, que deux fois le soleil s'est couché où il se lève maintenant, et deux fois il s'est levé où il se couche ». La *Doctrine Secrète*, ici encore, confirme ces renseignements. La science actuelle n'en a pas la preuve, elle préfère croire que ces indications zodiacales étaient de nature astrologique et se rapportaient à des horoscopes des rois de l'époque, mais je suis persuadé qu'avant longtemps des découvertes se feront et qu'elles permettront de constater que, réellement, dans les temps anciens, il y a eu une inversion complète des pôles, inversion qui se produira de nouveau dans l'avenir.

Parlerons-nous de la géométrie? Le professeur Smyth assure que « la géométrie des constructeurs antiques commençait là où finissait celle d'Euclide » ; c'est Peebles (*Around the World*) qui cite Smyth.

Et ceci m'amène à vous parler de ces constructions gigantesques qui témoignent encore d'une science merveilleuse. Voyez les Pyramides, où des blocs immenses ont été montés à 150 mètres de haut. Comment a-t-on pu transporter ces blocs qui pèsent jusqu'à 1 500 tonnes que l'on trouve dans les ruines de Baalbeck. La science invoque le mépris de la vie humaine dépensée dans ces travaux prodigieux, et les explique en faisant intervenir d'immenses plans inclinés sur lesquels d'énormes treuils opéraient la traction : ceci me laisse bien sceptique, et des ingénieurs m'ont avoué que cette question ne leur paraissait pas résolue.

La *Doctrine Secrète*, au contraire, parle de forces aujourd'hui inconnues et qui seront découvertes à nouveau, analogues à celles que Bulwer Lytton a immortalisées dans *The Coming Race*, sous le nom de *Vril* et qui, selon les Initiés de la Grande Fraternité, étaient enseignées dans les écoles de l'Atlantide.

Un mot encore sur ce sujet, — sur les *pierres mouvantes*, — pour montrer combien l'antiquité avait une profonde connaissance de la statique. Ces « pierres folles », « pierres de vérité », « pierres branlantes » se retrouvent partout, — en Afrique, en Europe, en Irlande, — en Bretagne surtout ; ces blocs de 500 000 kilogrammes sont couchés si habilement sur un de leurs angles que la simple force du doigt suffit pour les mouvoir, tandis que la poussée de 200 hommes serait incapable de les renverser. Géologiquement, ces pierres n'appartiennent pas au sol sur lequel elles se trouvent ; elles ont été transportées de fort loin souvent, par des procédés inconnus.

Pline raconte qu'en Perse on les appelait les *Olizoé* et qu'elles servaient aux prêtres pour l'élection des souverains; Olaüs Magnus et Vormius citent le même usage à propos des rois scandinaves ; Appollonius de Rhodes prétend qu'on les plaçait sur les tombeaux et que la pensée les mouvait. La *Doctrine Secrète* confirme qu'en effet, c'étaient des pierres divinatoires que l'on faisait mouvoir par la force occulte, fait analogue à ce qui se passe aujourd'hui, sur une échelle réduite, dans certaines séances spirites.

A propos des lois de la statique dont ces pierres dénotent une si parfaite connaissance, voici encore l'opinion de Cambry, dans ses *Antiquités celtiques*. Il dit tout d'abord :

« Les hommes n'ont rien à voir à ces productions... elles dépassent la puissance de l'industrie humaine. La nature les a produites elle-même, et la science le démontrera un jour... »

Quelques années plus tard, reconnaissant son erreur, il dit :

2

« J'ai cru longtemps en la nature, mais je me suis trompé... Le hasard est incapable de créer de si merveilleuses combinaisons... Ceux qui placèrent ces rochers en équilibre sont les mêmes qui ont assis les masses mouvantes de la mare d'Huelgoat, près de Concarneau. »

Il y aurait, enfin, à donner comme preuve de l'existence des grands Instructeurs, cette merveilleuse philosophie, ces grandes religions qui ont fait la gloire et le charme du passé ; nous en donnerons une esquisse dans la prochaine conférence, en ce qui touche les Instructeurs historiques, et plus tard, — dans les 3 dernières, — nous montrerons l'*esprit* des points fondamentaux de ce profond enseignement.

Telles sont donc les preuves que j'ai essayé de réunir sur les Instructeurs préhistoriques. Un conférencier plus instruit en aurait trouvé certainement d'autres, et de plus intéressantes ; cependant, avant de terminer, je voudrais vous en soumettre encore une qui ne demande ni science, ni longues recherches, ni grande érudition, — une preuve simple, un preuve de sens commun et d'intuition.

Comment pourrait-on concevoir que Dieu qui est la Sagesse, la Puissance, l'Amour infinis pût créer des êtres sans songer à les préserver, à les guider, à les diriger dans leur enfance ? Mais alors l'humanité, si imparfaite pourtant, serait supérieure à Dieu par la prévoyance et la compassion !

Non ! Si Dieu existe, l'humanité enfant a eu des pères et des mères qui ont bercé ses jeunes années.

———✱———

LES GRANDS

INSTRUCTEURS DE L'HUMANITÉ

INSTRUCTEURS HISTORIQUES

J'ai parlé, dans la dernière conférence, des grands Instructeurs préhistoriques de l'humanité, c'est-à-dire des instructeurs des troisième et quatrième races, — des Lémuriens et des Atlantes. Je dirai maintenant quelques mots des grands Instructeurs de la cinquième race, c'est-à-dire des Instructeurs historiques. Je ne m'attacherai guère d'ailleurs qu'aux fondateurs de grandes religions et vous me permettrez de glisser rapidement sur les autres.

Aujourd'hui, comme la dernière fois, la pauvreté des renseignements consignés dans l'histoire me forcera d'emprunter largement aux annales ouvertes aux disciples de la « Grande Fraternité », car, seules, elles permettent d'éclairer certains points spécialement importants de notre sujet.

Pour moi, et pour bien d'autres, ces annales contiennent des faits sûrs, précis, exacts ; je ne vous les présenterai cependant, si vous le voulez, que comme des hypothèses, car la Théosophie ne réclame de personne le moindre acte de foi aveugle. Pourtant, à ceux d'entre vous qui voudraient nier *a priori*, de parti pris, les faits dont il sera question, je demanderai de se rappeler que la science ignore encore beaucoup de choses, que ses conclusions sont modifiées chaque jour par des découvertes nouvelles et que, si elle a raison de n'admettre que ce qu'elle croit vrai, elle a le devoir strict de ne rien nier sans preuve.

Les Instructeurs dont j'ai à vous entretenir ne sont autres que les hommes qui présidèrent aux civilisations successives de la cinquième race. Il est bon, par conséquent, de retracer en quelques mots l'histoire de la formation de cette race.

J'ai dit, dans la dernière conférence, ce que sont, en réalité, les races successives, et ce qu'elles représentent. Elles représentent les stades successifs d'évolution de l'individu collectif, — l'Humanité en incarnation dans les races ; les deux premières en étaient les états embryonnaires ; la troisième, l'enfance ; la quatrième, l'adolescence ; la cinquième, la jeunesse, période de la mentalité ; les deux autres seront des stades plus avancés de son évolution.

Ce qui caractérise une race et la différencie de celles qui la précèdent et qui la suivent, c'est habituellement une qualité particulière. Nous avons vu que les Lémuriens et les Atlantes représentaient ce qu'on peut appeler la phase psychique de l'humanité ; la cinquième race, la race aryenne, en est la phase mentale ; la sixième, la race future, en représentera la phase de solidarité, d'union ; la septième en manifestera l'unité complète. Ce qui différencie donc la cinquième race des précédentes, c'est l'introduction d'un nouvel élément, et j'emploie ici un mot quelque peu impropre : cet élément n'est pas absolument nouveau, car chaque race possède, au moins à l'état embryonnaire, tous les éléments. Il n'en est pas moins exact que c'est par le développement de l'élément mental, à peu près latent jusque-là, qu'est caractérisée la cinquième race.

La formation d'une race constitue un travail difficultueux : il faut un germe, le cultiver, le développer. Le germe de la cinquième race fut emprunté à la race Atlante, — à la partie de cette race qu'on a appelée la cinquième sous-race, la sous-race des Sémites primitifs. Tel fut le noyau, pris à cette sous-race qui fut le rameau mental de la quatrième race, — ou qui en fut, du moins, un rameau plus mentalisé que les autres, — parce que le noyau doit contenir les qualités maîtresses de la race future : on développe ainsi ces qualités beaucoup plus aisément.

C'est un grand Instructeur qui fut chargé de ce travail, un de ceux que nous avons englobés, pour ainsi dire, dans la dernière conférence, sous le nom de l' « Arbre de vie » ; ce fut un Manou, et, — je l'ai dit déjà, — le Manou n'est pas un nom d'homme, c'est un nom de fonction, un titre. Un Manou, c'est un Etre divin, — car on peut l'appeler ainsi, — chargé de la formation d'une race ; le Manou de notre cinquième race était le grand chef politique et religieux de cette sous-race sémite Atlante.

Il choisit, dans son peuple, 400 ou 500 familles plus particulièrement dotées de l'élément mental, et les conduisit de l'Atlantide jusqu'à la région que nous appelons aujourd'hui la Syrie. A cette époque, la géographie du monde était bien différente de ce qu'elle est aujourd'hui ; nous avions eu l'intention de faire, à ce propos, quelques projections très intéressantes de cartes archaïques et inédites, mais il vaut mieux, je crois, les réserver pour une autre conférence où la géographie tiendra une place plus importante dans le sujet général. Le Manou conduisit donc ces familles sur la terre représentée aujourd'hui par la Palestine et la Syrie, et vous voyez, dès maintenant, le commencement des analogies de cette histoire avec l'Exode hébreu ; il les conduisit dans cette « Terre promise », les y établit, leur donna des lois, et, parmi ces lois, une plus particulièrement stricte, la défense absolue de se mêler aux races lémuriennes qui habitaient la contrée.

Un certain nombre de familles désobéirent, — un grand nombre même, — et le sang sémite, le futur sang aryen, fut corrompu par un sang noir : le Manou avait échoué dans cette première tentative. Il devait pourtant accomplir sa mission.

Il prit donc 25 à 30 familles restées fidèles, dont le sang n'avait pas été pollué, et il les conduisit dans la région que représente aujourd'hui l'Asie Centrale ; c'était alors les rivages de la mer de Gobi, mer immense, qui s'étendait jusqu'au Pôle. Il établit là ces familles, il leur renouvela les lois qu'il leur avait déjà données et qui, cette fois, ne furent point transgressées ; de sorte qu'au bout d'un certain laps de temps, la nouvelle race fut créée. Son développement fut lent, progressif ; un jour vint cependant où elle fut prête à essaimer. La première émigration se fit, alors, vers le sud : à cette époque, l'Himalaya n'existait pas et le chemin était facile. Mais les Atlantes et Lémuriens qui habitaient le sud de la péninsule combattirent vigoureusement et ne se laissèrent pas entamer, et l'on dit qu'aujourd'hui, sur 280 millions d'habitants qui peuplent les Indes, il en est à peine 20 millions qui soient de sang purement aryen.

Presque en même temps, une deuxième émigration se préparait ; ce ne fut pas précisément un essaimage en masse, comme le premier, ce fut plutôt ce qu'on pourrait appeler une députation. Quand le Manou quitta la Syrie pour la mer de Gobi, il prévint les Sémites qu'il laissait que, plus tard, dans bien des siècles, quand l'heure en aurait sonné, il leur enverrait ce qui s'est conservé dans la tradition israélite comme « le sang de la nouvelle alliance ». Ce « sang de la nouvelle alliance », c'est la députation dont je parle, députation d'Aryens bien formés, qui dut venir l'apporter chez les Sémites déchus ; ceux-ci, dans leur tradition, avaient bien conservé un vague souvenir de la promesse du Manou, mais elle était un peu oubliée.

Aussi, pour quelques Sémites qui voulurent bien accepter le bienfait de ce sang nouveau, d'autres, — le plus grand nombre, — le refusèrent ; d'autres enfin le méconnurent, et aujourd'hui bien des Juifs attendent encore le Messie.

Cette deuxième sous-race des Sémites aryens se forma donc peu à peu par l'infusion du sang aryen dans les Sémites atlantes dégénérés de la Palestine; cela prit des siècles et des siècles, bien entendu; mais, enfin, la sous-race se forma, s'étendit et, géographiquement, occupa la région comprise entre le Pont-Euxin, le Bosphore, l'Arabie, la Perse et l'Egypte.

La troisième émigration fut celle des Iraniens. Elle se forma dans une contrée qui correspond à ce qui est aujourd'hui la Russie orientale et la Sibérie occidentale. La vague humaine descendit progressivement vers le Sud, couvrit la Bactriane, la Médie et la Perse, jusqu'à la mer Erythrée, se répandant, d'autre part, jusqu'à l'Egypte à travers l'Arabie.

La quatrième émigration fut l'émigration celtique. Les Celtes naquirent à l'est de la mer Caspienne, se formèrent peu à peu, se spécialisèrent comme sous-race et prirent ensuite deux courants d'émigration : l'un suivit à peu près les bords de la Méditerranée qui existait alors, l'autre traversa l'Europe.

Enfin, la cinquième sous-race est la nôtre, celle des Teutons, appelée encore indo-germanique. Elle prit naissance à peu près dans ce qui est aujourd'hui la région du Caucase; puis elle se répandit lentement sur l'Europe, où, par ce qu'on a appelé « les invasions des barbares », elle a plus ou moins pénétré partout.

Telles sont les cinq sous-races qui existent aujourd'hui, avec l'indication des points où elles se sont formées. Reste maintenant à dire comment elles furent instruites.

*
* *

Toute race, toute humanité doit avoir des notions générales sur tous les points d'importance vitale pour l'évolution. L'homme doit savoir ce qu'est l'univers qui l'entoure, au milieu duquel il habite; la connaissance de cet univers, c'est ce qu'on a appelé la science. L'homme doit savoir aussi ce qu'est la mentalité, ce qu'est le monde de la pensée, et tel est l'objet propre de ce qu'on a appelé les philosophies. L'homme, enfin, doit savoir ce qu'il est comme être proprement dit, comme être abstrait, comme fragment de l'Esprit universel, comme divinité individuelle : c'est ce qui est étudié dans les religions.

Mais l'homme a d'autres choses encore à apprendre ; il doit posséder, par exemple, des connaissances plus ou moins importantes de physiologie, de culte, de morale et de sociologie; il doit savoir et pratiquer tout ce qui épure le corps, tout ce qui développe l'esprit, tout ce qui élève l'âme.

Dans l'enseignement de tout grand Instructeur on trouve donc une partie religieuse, une partie philosophique, une partie scientifique, et même une partie artistique, puisque les arts sont aussi l'apanage de l'humanité ; enfin l'on y trouve également, — et cela surtout chez les races primitives, — une sociologie, une morale et un culte. Bien plus : comme les races se succèdent les unes aux autres et que chacune atteint et dépasse le niveau de développement obtenu par la précédente, chacune de ces races, en vue du résultat à obtenir, est dotée d'une qualité particulière, d'une vertu propre dont nous aurons à étudier la mise en œuvre.

La première sous-race, la race aryenne proprement dite, fut la plus favorisée dans son instruction, si je puis ainsi m'exprimer, car elle reçut en partage non seulement ce profond mysticisme qui éclate à chaque page des Védas et des Upanishads, mais encore, et à un très haut degré, ce que l'on peut appeler le sens philosophique ; — et je ne vise pas uniquement ici la faculté de concevoir sans peine ces vérités élevées que l'on ne sait trop comment nommer, religieuses ou métaphysiques, j'entends parler aussi d'un sens philosophique plus simple, plus concret, et qu'atteste merveilleusement toute la philosophie hindoue.

Il y a, chez les Aryens, six grandes philosophies fondamentales, qui sont comme des écoles mères de toutes les philosophies qui se sont succédé depuis, et qui forment dans leur champ d'étude une parfaite gradation, depuis les choses de la mentalité concrète jusqu'à celles de la plus haute abstraction : de la *Nyanya* et la *Vesheshika*, à la *Sankhya* et la *Yoga*, de la *Pourva* à l'*Outara Mimansa*, — cette dernière, la plus sublime, est cette *Védanta* fameuse que l'Occident connaît beaucoup plus de nom que de fait. Ces philosophies n'existèrent peut-être qu'à l'état de germe à l'origine et ne se développèrent qu'avec les progrès de la race aryenne, mais c'est sous l'inspiration du Manou et de ses collaborateurs, les Rishis, qu'elles vinrent à la manifestation. La caractéristique intellectuelle fut donc très marquée dans cette première sous-race, parce que la caractéristique de la race tout entière devait être la mentalité et qu'il était important qu'elle en fût dotée dès le début.

L'instruction scientifique fut déposée dans les 64 *Védangas*, — les membres des Védas ; chacun de ces traités contenait une mine de trésors dont un grand nombre sont, de nos jours, des secrets pour la science officielle.

Quant à la sociologie des Aryens, elle est très remarquable, et nous autres Occidentaux, nous ne la critiquons tant que parce que nous la connaissons et la comprenons fort mal. Elle est basée sur la Doctrine des *Castes*. Le Manou divisa le peuple en 4 castes correspondant à 4 principaux degrés d'évolution. Les hommes les moins évolués, ceux qui ne pouvaient guère se perfectionner que par l'obéissance, se bien conduire que sous les ordres d'hommes plus avancés, furent les *Serviteurs*.

D'autres, plus développés, doués d'une certaine initiative, d'un peu plus d'intelligence, capables enfin d'appliquer par eux-mêmes cette intelligence aux besoins de la vie, formèrent la caste des *Producteurs*.

Enfin, une minorité d'hommes beaucoup plus avancés, pour qui l'heure avait sonné d'apprendre la leçon du devoir, du sacrifice et de l'abnégation, reçurent la mission glorieuse de verser leur sang pour leurs frères : ils formèrent la caste des *Guerriers*, défenseurs de la Patrie.

La dernière caste, la plus haute, fut celle des Instructeurs, des *Prêtres*. Dans l'antiquité, le prêtre donnait non seulement l'instruction religieuse, mais aussi l'instruction philosophique et scientifique.

A cette époque lointaine, les castes ne formaient pas des compartiments séparés, hermétiquement clos. Tout individu muni des aptitudes et des qualités requises passait dans une caste supérieure ; et, par contre, tout individu qui devenait indigne rétrogradait, comme rétrograderait un mauvais élève dans nos établissements d'instruction. Un élève qui va très vite peut faire deux classes dans l'année ; un autre, paresseux, redouble, ou même descend d'une classe. J'insiste surtout sur le principe des castes, le but de leur institution, qui fut le développement méthodique de l'humanité par une incarnation judicieuse des âmes, car cette incarnation est toujours dirigée par de grands Etres, collaborateurs de la Divinité qui fait l'évolution.

Le Manou fit encore quelque chose de plus pour cette première race ; il la dota d'une vertu particulière, synthétique, — de la plus difficile à acquérir de toutes les vertus, parce qu'elle exige le plus de connaissance, le plus de dévouement et d'énergie : c'est le sentiment du devoir, — le *Dharma*. Ce mot, à la vérité, embrasse même beaucoup plus que l'idée de devoir, mais, puisque nous parlons ici des grands Instructeurs, nous ne pouvons pas entrer dans chaque détail, en particulier, et il suffira de dire, en ce moment, que cette vertu de *Dharma* embrasse toutes les principales vertus, et qu'elle fut la leçon fondamentale que les âmes de cette race eurent d'abord à apprendre et qu'elles rapprirent ensuite dans des incarnations futures dans d'autres formes, selon les lieux et les temps.

Telle fut l'instruction donnée à la première sous-race. Et l'on remarquera que l'instruction de chacune des autres sous-races renfermera toutes les principales caractéristiques de la première sur lesquelles j'ai pris soin d'insister.

Cette unité dans la forme et le fond de l'enseignement est vraiment remarquable, et n'y eût-il pas d'autre preuve pour témoigner de l'unité de la Source qui a fourni les grands Instructeurs religieux, que celle-ci suffirait pour montrer qu'ils font tous partie d'une même famille ou d'une commune fraternité.

∴

La deuxième sous-race n'eut pas de grande religion *nouvelle* ; elle vécut d'un mélange de la religion antique des Sémites atlantes et d'emprunts faits à celle des peuples voisins qui se développaient rapidement. Cette sous-race des Sémites secondaires, — de ceux qui avaient péché en désobéissant et qui furent peu à peu ramenés, — cette sous-race ne peut pas être assimilée exactement aux Hébreux. Ceux-ci ne furent qu'une petite tribu du peuple immense des Sémites secondaires, et la Palestine n'est qu'une infime parcelle du très vaste territoire qu'ils occupaient. Moïse, de même, ne fut pas leur seul Instructeur ; Moïse est un personnage assez énigmatique qui représente sans doute un grand Instructeur des Sémites, mais un Instructeur que nous appellerons quelconque, et dont la vie est, en partie, copiée sur celle de Sargon, le Babylonien, comme une partie de la *Genèse* est copiée des tuiles assyriennes. Moïse était un Instructeur élevé dans les mystères d'Egypte ; sa coiffure porte des cornes, elle est symbolique. Chez les initiés, les cornes représentent le Bélier ; le signe du Zodiaque appelé le Bélier fut, comme les autres signes, en des temps divers, le représentant de la divinité. Celui des signes dans lequel le soleil, à l'équinoxe du printemps, entrait, symbolisait la divinité, et les grands instructeurs en portaient le symbole sur leur coiffure : tel Moïse et tous ses successeurs, de l'an 2540 à l'an 388 avant notre ère. — Avant, depuis l'an 4692, le soleil, à l'équinoxe du printemps, entrait dans le Taureau ; ce fut l'ère du culte du bœuf *Apis* (Egypte), de *Mithra* (Perse), de *Merodack* (Babylone), tous dieux à tête de taureau. Moïse présente des cornes sur sa coiffure précisément à cause de cette particularité ; cela prouve qu'il était le représentant de la divinité égyptienne de cette époque, Jupiter Ammon. Donc, Moïse est un personnage fort mal identifié.

D'autre part, l'*Exode* d'Egypte est le récit dénaturé de deux faits connexes : 1° Un grand désastre qui se produisit dans l'Atlantide (engloutissement des Egyptiens sous les flots de la mer Rouge) ; 2° L'émigration (déjà mentionnée) des familles atlantéennes que le Manou conduisit dans la Palestine.

Je ne parle pas de Moïse comme d'un grand Instructeur parce qu'il ne fonda pas une grande religion ; il fut, parmi les Sémites, un Instructeur comme plusieurs autres restés inconnus à l'histoire, mais rien ne le distingue d'une manière absolue et spéciale. Voilà pourquoi je me borne à le mentionner.

Les Sémites n'en eurent pas moins de très-hauts enseignements qui se conservaient dans les « Collèges des Prophètes » : c'est là qu'étaient célébrés les Grands Mystères. La philosophie de ces mystères constituait ce que l'on appelle aujourd'hui la *Kabbale*. La science fut empruntée aux Chaldéens, et la sociologie fut une corruption de la sociologie du Manou : il suffit de comparer les Livres sacrés hindous et la Bible pour s'en rendre compte.

*
* *

La troisième sous-race eut pour grand Instructeur Zoroastre, — nom en quelque sorte collectif, car Zoroastre ne fut pas un homme unique. Il se réincarna bien des fois ; ses disciples persistèrent ensuite à renaître chez les peuples qu'il avait voulu instruire, et c'est pour cela que l'on compte un si grand nombre de Zoroastres. Le dernier paru date de 4000 ans ; celui dont parle Aristote et qui était le septième, datait de 9000 ans avant l'époque de ce sage : on voit à quelle antiquité cela nous reporte.

Zoroastre, lui aussi, imprima dans son enseignement une note complexe. La note religieuse fut dans la *Grande Avesta*, — la *Yasna* et la *Visparad* ; c'est dans ces livres que se trouvent le Mysticisme élevé et la haute philosophie ; ce sont les analogues des *Védas* et des *Upanishads* indous. La note éthique est dans la *Petite Avesta* (la *Khorda Avesta*). Il y a, enfin, un côté scientifique extrêmement important ; il est contenu dans les *Nasks* qui furent au Zoroastrisme ce que les *Védangas* furent à l'enseignement du Manou.

Il existait 21 *Nasks* ; il ne nous en reste que des fragments dont les plus importants sont dans le traité d'*Agriculture nabathéenne*. Leur ensemble contenait la science, la médecine, un peu de philosophie, et les diverses parties de la science, — sans compter l'astrologie qui occupa, chez les Iraniens, une place capitale comme couronnement de l'astronomie.

En cette sous-race, aussi, il y avait les 4 castes : les Instructeurs, les Défenseurs de la Patrie, les Agriculteurs et les Artisans. Ce sont, en somme, les castes des Hindous modifiées légèrement par le milieu.

La vertu caractéristique du Zoroastrisme ne fut plus l'accomplissement du devoir, mais la *Pureté*, et un livre spécial fut écrit pour guider les âmes vers cette réalisation : c'est la *Vendidad*.

Cette recherche de la pureté se traduisit par le culte symbolique du feu. Le feu représente l'absolue pureté, car il anéantit toute souillure ; les Zoroastriens en firent donc l'emblème de leur divinité. Les Hébreux n'ont-ils pas aussi fait apparaître leur Dieu dans un buisson ardent ?

∴

Enfin, nous arrivons aux Celtes. Comme les Sémites, ils n'eurent pas de grande religion spéciale ; ils vécurent sur ce qui restait des cultes atlantiques auxquels vinrent se mêler, plus tard, les Mystères de Samothrace.

Ils eurent de grands, de nombreux Instructeurs, quelques-uns même très grands : tels, par exemple, les constructeurs de Stonehenge (Angleterre), et de Carnac (France). Ce furent des peuples aryens dotés de l'empreinte psychique et venus s'établir parmi des peuples atlantes, c'est-à-dire plus psychiques encore, s'il est possible de le dire : les Basques, par exemple, sont encore des représentants des Akkadiens atlantes.

Les Celtes eurent une civilisation magnifique, très peu connue, mais, si l'on s'en rapporte à ce qui existait encore à l'époque du Christ, si l'on se souvient que, dans Alésia et dans Bibractis, il existait des collèges druidiques ayant chacun plus de 40 000 étudiants ; si l'on se souvient qu'il existait dans Bibractis un amphithéâtre magnifique pouvant contenir plus de 100 000 hommes, un Champ de mars immense, une « Naumachie » colossale pour les jeux nautiques, et bien d'autres monuments encore, on pourra se faire une idée de la haute civilisation de ces peuples.

∴

Il me faut aussi parler d'une nouvelle civilisation qui vint à naître, d'une civilisation très importante, aussi importante qu'une sous-race véritable et qui, pour cette raison, mérita de recevoir une instruction toute spéciale. Je veux parler de l'agglomération que l'on peut appeler aryo-mongole et qui s'est constituée par l'union, par le mélange des Aryens avec des peuplades jaunes, touraniennes et mongoles, agglomération qui représente presque toute l'Asie d'aujourd'hui et qui constitue la civilisation bouddhiste.

Telle était la masse ethnique à instruire : un grand Etre fut envoyé par la Grande Fraternité, — c'est le Bouddha.

Comme ses prédécesseurs, le Bouddha donna une religion et une philosophie.

La religion fut dans les trois *Pitakas*. La *Vinaya* contenait le mysticisme (l'ésotérisme) et les règles de la *Sangha* (ordre monastique bouddhiste) ; l'*Abhidamma* représentait la haute philosophie, et les *Suttas* la morale et l'exotérisme.

La science n'eut pas besoin d'une adaptation spéciale ; elle avait déjà un développement suffisant. Mais une nouvelle vertu fut donnée.

La première avait été le sentiment devoir ; la deuxième, la pureté ; la troisième, celle de la civilisation bouddhiste, fut la compassion. Il y eut moins de mysticisme, moins de métaphysique surtout ; mais on insista sur une morale pratique, le commencement de ce que le Christ devait achever plus tard, en prêchant l'amour.

Très peu de temps après le Bouddha, — quoique l'histoire prétende que ce fut beaucoup plus tard, — (je parle toujours d'après les annales occultes et les enseignements des Initiés), parut Shankaracharya, intelligence étonnante qui se borna, dans son effort, à modifier certains points particuliers du brahmanisme. Lao-tse fut plus particulièrement un philosophe, et Confucius un législateur. Plus tard, au IVe siècle de l'ère actuelle, Tson-ka-pa opéra une importante modification dans le bouddhisme thibétain, — je cite seulement ces deux illustres réformateurs. A un autre point de vue, je ne parlerai pas non plus de Rama, qu'on pourrait considérer comme l'un des successeurs du Manou, car il ne fut qu'un grand exemple pour une grande nation.

Krishna aussi, le doux et puissant Avatar, n'a pas droit au titre de grand Instructeur de l'humanité, au sens que nous avons assigné à ce mot ; il ne fut qu'un brillant messager venant aider les hommes au moment critique qui constitue la fin d'un cycle ; c'est pourquoi je ne fais que le citer également.

Nous n'avons donc eu à étudier jusqu'ici, sous le titre de grands Instructeurs, que les fondateurs de grandes religions : le Manou pour les Indous, Zoroastre pour les Iraniens, et le Bouddha chez les races jaunes.

∴

Nous arrivons maintenant à un certain nombre de nations qui n'eurent pas non plus de religion spéciale, de grande religion nouvelle et, par conséquent, de grands Instructeurs nouveaux. De tous ces peuples, cependant, il faut dire un mot, ne fût-ce que pour les relier à la thèse générale et montrer qu'en réalité ils furent guidés, eux aussi, par une religion dérivée de l'antiquité et surtout des *Mystères* atlantes.

Ces Mystères comprenaient aussi les côtés religieux, philosophique, scientifique et même artistique, mais ils offraient ceci de particulier, c'est qu'ils enseignaient par la dramatisation des faits.

Ce sujet, nous le traiterons, avec détails, plus tard ; je me contenterai de dire dès maintenant qu'ils étaient, en somme, la représentation de certains grands événements cosmiques et humains —, de l'incarnation divine dans l'univers, par exemple, de la naissance du Christ *dans l'homme*, c'est-à-dire de la naissance du principe divin, que l'on appelle Christ en terminologie chrétienne, — *bouddhi* en langage théosophique — et qu'il ne faut pas confondre avec le sublime Instructeur dont nous parlerons tout à l'heure.

Beaucoup de peuples, donc, furent soumis à la religion des Mystères. Ceux d'Egypte sont les plus fameux ; la Perse célébrait Mithra ; l'Assyrie Oannès ou Dagon, l'homme-poisson, — ce qui signifie que, à cette époque, le Soleil, à l'équinoxe du printemps, entrait dans le signe des Poissons ; c'est pour cela, disons-le entre parenthèse, que le Christ fut appelé le « Grand Poisson », que les chrétiens s'appelaient les « petits poissons » (*pisciculi*), que la « Vésica piscis » était un symbole si commun aux premiers siècles, que les évêques portent une coiffure (la mitre) représentant un museau de tanche, et que tous les prêtres de la période où le soleil régnait sur le signe des Poissons se revêtaient de la même coiffure symbolique. Il y avait, en Syrie, Astarté ; à Babylone, Merodach ; en Grèce, les mystères orphiques, dérivant de l'Inde, mystères plus ou moins dégradés à cette époque ; les mystères d'Esculape, dérivés de ceux du serpent ; les mystères de Bacchus, extrêmement intéressants et dont j'exposerai un point particulier, dans une conférence ultérieure ; puis, finalement, les derniers, les moins grands, les plus dégénérés, les petits mystères d'Agrée, et les grands, célébrés à Eleusis.

Mais bien avant cette période de décadence, à peu près vers l'époque du Bouddha, un grand Instructeur avait paru, un Instructeur qu'on ne peut appeler grand si l'on veut conserver à ce mot le sens que nous lui avons donné, mais un admirable Instructeur, Pythagore qui fonda une école remarquable, possédant tous les degrés que doit avoir toute école reliée à la « Grande Fraternité », une école sur le modèle de laquelle a été constituée, de nos jours, la Société Théosophique.

A Rome, d'autre part, il y avait les mystères de Mithra ; en Judée, le Kabbalisme ; dans les deux Amériques, les mystères du Serpent, dérivés de l'Atlantide ; enfin, dans les Gaules, les admirables restes des mystères druidiques.

∴

Cela nous amène à l'époque du Christ. L'Egypte terminait son long et glorieux crépuscule, et les derniers rayons de son couchant illuminaient l'Europe ; la Grèce entrait dans la nuit ; Rome s'enlisait peu à peu dans un marais de corruption. Le matérialisme était profond, la décrépitude manifeste dans tout l'ancien monde. Alexandre avait détruit les Mystères dans l'Asie ; partout, déjà, ils n'existaient plus que nominalement depuis Aristote. César, enfin, avait achevé ceux d'Occident où leur dernier glas avait sonné avec la chute des glorieuses cités des Gaules, Alésia et Bibractis.

Mais une nouvelle race venait à la vie, la sous-race teutonne, véritable amas de peuples, — teutons, saxons, slaves, cimbres, scythes, goths et leurs innombrables tribus. Toutes ces populations commençaient alors à palpiter dans l'Oural et dans l'Europe centrale. C'était l'aurore d'un nouveau monde que ces peuples courageux, guerriers, querelleurs, cruels parfois, mais intelligents, car l'intelligence était la qualité qui s'éveillait plus particulièrement dans cette sous-race. Cette qualité est, tout d'abord, un instrument de combat; une nouvelle religion devenait donc nécessaire, une nouvelle note devait être frappée sur la cloche de la spiritualité : c'est alors que le Christ descendit.

***

L'histoire du Christ est enveloppée d'obscurités et de contradictions sans nombre : nous ne prendrons aucune part à cette discussion ; je me contenterai de vous en dire la cause et de vous exposer le fait tel qu'il est. La cause tient à ce que l'on a confondu le Christ historique avec le Christ mythique et avec le Christ mystique. Qu'est-ce qu'un Messager divin ? C'est un envoyé de la Grande Fraternité, un représentant de Dieu sur la terre. C'est lui qui doit instruire l'humanité, l'instruire surtout au point de vue religieux, et développer les âmes beaucoup plus que les corps, quoique le corps ne soit pas indifférent à l'évolution de l'âme : le Christ fut un de ces messagers.

On suppose, et c'est assez naturel, que le soleil central est comme le corps de Dieu, et que notre soleil est le corps du dieu de notre système de mondes. D'autre part, les Messies ont été partout les représentants de la Divinité, et leur vie ici-bas a été symbolisée par le soleil qui anime et féconde la terre par sa vitalité physique, comme Dieu soutient et développe les âmes par le rayonnement de sa vie spirituelle.

On a dit que tous les Christs, — je dis *tous* parce que l'on compte plus de quinze « Sauveurs crucifiés », — sont nés d'une vierge, le 25 décembre : en réalité, on ne sait pas du tout à quelle époque naquit le Christ Jésus. Il existe, dans les sectes chrétiennes diverses, plus de 300 dates de sa naissance ; le pape Jules Ier la fixa au 25 décembre, mais en s'inspirant, on le voit, des traditions païennes plutôt que de l'histoire du grand hébreu. On ne sait pas non plus à quel âge il mourut ; l'Evangile dit à 33 ans et certains Pères de l'Eglise, d'après saint Irénée, affirment qu'il vécut jusqu'à l'âge de 50 ans. Volney a écrit (*Ruines des Empires*) : « Au moment précis où les mages des Perses tiraient l'horoscope de la nouvelle année, le soleil, au solstice d'hiver, se trouvait placé dans le sein de la Vierge, en lever héliaque, à l'horizon oriental, et à ce titre était figuré dans leurs tableaux astrologiques sous la forme d'un enfant allaité par une vierge chaste... » Telle est la raison pour laquelle tous les symboles du Soleil divin (les Christs ou Sauveurs du monde) naissent au solstice d'hiver, le 25 décembre.

Tous les Sauveurs sont menacés par des tyrans : cela représente les longues nuits d'hiver au cours desquelles il semble que le réveil du soleil ne pourra se produire. L'enfant divin, comme le soleil, vit d'abord « abaissé, humble, obscur, indigent, et cela parce que le soleil d'hiver est abaissé sous l'horizon... » (Volney, *Ruines*) ; puis il grandit peu à peu et arrive à l'époque de l'équinoxe du printemps, — c'est le moment où la constellation du serpent disparaît du ciel ; aussi dit-on que les Christs sont vainqueurs du serpent, du dragon de mal. En croisant la ligne équinoxiale, il est crucifié dans l'espace, mais ce point particulier n'est entièrement expliqué que par le magnifique symbolisme du Christ mystique et je l'exposerai plus tard. Enfin, il monte dans les cieux, il fait son *ascension* et se donne à l'humanité sous les espèces du pain et du vin : c'est en été que Cérès nous apporte les moissons et que Bacchus nous apporte le vin ; le pain symbolise le corps, le vin est la figure de l'esprit ; l'un et l'autre procèdent du fils de Dieu, du Logos s'incarnant pour sauver le monde.

Tout cela est d'ordre mythologique ; et c'est parce que l'on a confondu ce Christ mythique avec le Christ mystique et le Christ historique que l'on est arrivé à d'absurdes conceptions.

Qu'est-ce, maintenant, que le Christ mystique ? Il a deux aspects : l'un qui représente le Logos vivifiant le monde, envoyant à la terre la grande vague d'intelligence, d'amour et de force ; c'est Dieu s'incarnant dans l'univers, descendant jusque dans la matière la plus grossière pour lui donner la vie et en faire le corps de l'Esprit, et c'est là ce que nous exprime le Symbole des Apôtres ; nous verrons ultérieurement combien ce symbole est lumineux.

Le second aspect du Christ mystique, — qui éclate dans la Passion de Jésus comme dans celle de tous les Sauveurs du monde, — nous représente la naissance du principe spirituel dans l'homme, son développement comme *Chrestos* souffrant (l'homme de douleur) et enfin son crucifiement, sa descente aux enfers, sa résurrection. Ainsi s'expriment le développement progressif du principe divin de l'homme et les peines qui l'accompagnent, les douleurs de l'enfantement qui en sont inséparables et dont saint Paul a si bien parlé.

Voilà donc les trois aspects du Christ : aspect mythique, double aspect mystique et aspect historique. Le Christ des Evangiles est un mélange confus de ces trois aspects : voilà pourquoi l'on est souvent rebuté par des difficultés qui semblent insurmontables quand l'on essaye de démêler cet écheveau embrouillé de faits et de symboles.

J'arrive au Christ historique, et ici je me servirai encore des documents établis par les disciples des membres de la Grande Fraternité.

Jésus naquit environ 105 ans avant notre ère, sous le consulat de Publius Rutilius Rufus et de Gnacus Mallius Maximus, de parents pauvres mais de bonne éducation. Il fut remarquablement précoce dans sa dévotion et son désir de savoir ; au cours d'un voyage à Jérusalem, dans une controverse qu'il eut avec les docteurs de la Loi, il fut vraiment étonnant. Ses parents résolurent alors de lui faire suivre la vie ascétique et l'envoyèrent bientôt après dans un couvent essénien, sur les confins du désert du sud de la Judée. Il y resta jusqu'à l'âge de 19 ans ; à ce moment il se rendit au mont Serbal, dans un monastère célèbre à l'époque. Il s'y instruisit profondément des doctrines religieuses, puis il alla en Egypte où il fut *initié* comme quelques-uns des grands hommes de l'antiquité. Il revint enfin en Palestine, retourna dans le couvent essénien où il avait acquis ses connaissances religieuses, et, vers l'âge de 29 ans, fut choisi pour être le véhicule d'une Puissance divine qui allait s'incarner pour aider l'humanité. Jésus accepta le sacrifice ; le « Fils de l'homme » reçut l'incarnation de l'un des « Fils de Dieu », et ceci expliquerait cette dualité d'appellations qui s'applique à Jésus dans les Evangiles. On peut se rappeler l'épisode évangélique que l'on a appelé *le Baptême* par Jean, alors qu'une voix dans le ciel proclama : « Celui-ci est mon fils bien-aimé, en qui j'ai placé toute mon affection. » Ce fut à ce moment que s'incarna en Jésus ce grand Etre, ce sublime Fils de Dieu. Tous les *grands* Initiés sont des « Fils de Dieu » ; tous parlent au nom du Père parce qu'ils ont épanoui leur centre de conscience, leur étincelle divine dans le Logos et, dès lors, sont, comme lui, liés au Père ; ils ne sont pas la deuxième personne de la Trinité, le Fils véritable et *unique* de Dieu, mais des êtres glorieux qui, par le sacrifice et l'amour, se sont unis à Dieu et demeurent dans la Trinité, toujours prêts à la servir sur la terre et dans les mondes de l'Univers.

A partir de ce moment commence la vie du Christ, — je ne dirai plus de Jésus. Pendant deux ans, il resta dans le couvent essénien et instruisit ses frères d'une façon tout particulièrement élevée et grandiose ; puis, malgré les obstacles que lui opposaient les membres de sa commuauté, il commença sa vie publique, il enseigna le peuple et forma des disciples.

Il attira tout de suite la foule, les classes moyennes et enfin quelques disciples choisis.

A la foule, il donnait les *Paracleteria*. Le Paraclet, c'est le Verbe consolateur ; les Paracleteria sont les paroles de consolation, les discours éloquents qu'il adressait au peuple, si malheureux alors, plus malheureux encore qu'aujourd'hui.

Aux classes moyennes, il donnait plus spécialement ce qu'on appelle les *Logia*, de courtes sentences fixant certaines vérités capitales ou d'importantes règles de conduite.

A ses disciples, il enseignait en secret ce que saint Paul et les premiers Pères de l'Eglise appelaient les « *Mystères de Jésus* », — mystères importants et identiques, dans le fond, à tous les mystères des religions passées, car le Christ était l'un des envoyés de la Fraternité qui contient les Sauveurs.

Le peuple ne comprit pas les *Paracleteria;* ces paroles de consolation, cet appel à la patience, ne furent pas entendus ; le monde meilleur que le Christ leur promettait fut matérialisé ; le peuple songea à une espèce de révolution sociale dans laquelle les malheureux deviendraient heureux et, d'opprimés, se feraient oppresseurs ou tout au moins deviendraient maîtres, et cette masse prit beaucoup de force.

Les personnes de classe moyenne ne rêvaient que paix et quiétude égoïstes ; elles prirent dans les *Logia* ce qui leur convenait, et le reste ne les inquiéta pas davantage.

Les disciples seuls travaillaient dans le silence et avec ardeur.

Mais les rabbis étaient jaloux du Christ : jaloux de ses pouvoirs, — car ils n'en avaient pas, — et jaloux de ses vertus, — car ils étaient matériels et impurs ; les Esséniens l'avaient répudié parce qu'il avait entrepris contre leur gré sa mission publique ; les pouvoirs établis surveillaient avec inquiétude cette foule qui rêvait de révolution ; bref, le nuage montait, l'orage éclata ; on accusa le Christ de blasphème et on le condamna à mort.

Le blasphème était d'avoir enseigné que l'homme contenait une étincelle divine, un rayon qui sortait du Soleil spirituel, de Dieu, le Christ de saint Paul qui naît dans l'homme au moment de l'initiation et grandit dans la souffrance jusqu'au moment où il se libère. Jésus fut donc mis à mort.

Alors ses disciples se dispersèrent et se retirèrent sur les bords du désert de Judée où ils continuèrent à être instruits par leur Maître, car ce maître avait promis qu'il reviendrait auprès d'eux et il ne faillit point à sa parole. Il ne les rejoignit point dans son corps physique, à la vérité, — ce serait une absurdité de le croire, — mais il revint auprès d'eux dans son corps subtil, dans son corps fluidique, et pendant plus de 50 ans les enseigna.

Voilà pourquoi certains Pères l'ont fait mourir à 50 ans, et d'autres à un âge plus avancé encore.

Pendant ce temps, le parti populaire s'unit à ce qu'on pourrait appeler le parti de la classe moyenne pour former l'orthodoxie; les Esséniens se séparèrent, leur fraternité fut dissoute et c'est d'eux que dérivèrent les premiers gnostiques. Le parti orthodoxe lutta contre les gnostiques, et cette lutte se prolongea jusque vers le v° ou le vi° siècle de notre ère. Mais les disciples du Christ et ceux qui l'avaient connu de près avaient recueilli et écrit tous les renseignements qu'ils avaient sur lui; de ces renseignements et de quelques additions ont été formés plus tard les Evangiles. Sa religion vraie, profonde, mystique, fond de ses « Mystères » fut réservée aux disciples et passa aux plus élevés des Gnostiques. Sa philosophie n'a presque pas existé dans son œuvre publique; elle fut réservée aux Pères de l'Eglise et aux gnostiques. Mais à tous il a prêché l'amour et la compassion, il a complété l'œuvre du Bouddha, et il est bien le grand Instructeur auquel notre race doit le plus, un Instructeur véritablement divin. Telle fut l'œuvre du Christ.

*
* *

Après lui, trois courants naquirent ou plutôt se développèrent : le courant gnostique, le courant néo-platonicien, et le courant mystique contemplatif.

Les gnostiques brillèrent à une certaine époque, — voyez Basilides, Valentin, Marcion et d'autres, — mais ils furent finalement écrasés, et leurs restes, après une période assez courte de dégénérescence, s'éteignirent dans le fer et le feu : tels les Cathares et les Albigeois.

Le courant néo-platonicien est très important. Il naquit du néoplatonisme, comme son nom l'indique, par l'intermédiaire du philosophe qui, vers le v° siècle, écrivit sous le nom de saint Denys l'Aréopagite; ses principaux représentants furent Maxime le Confesseur, Bernard de Clairvaux, saint Bonaventure, saint Erigène, saint Thomas d'Aquin, Giordano Bruno, Eckart, Tauler, Bœhme, les néo-platonistes de Cambridge, le cardinal de Cusa, etc.

Le courant mystique fut moins important: il fut représenté par sainte Thérèse d'Espagne, sainte Catherine de Sienne, sainte Elisabeth, Thomas A' Kempis, Mme Guyon, Molinos. Ce courant a persisté sous une forme ou une autre jusqu'à nos jours.

Voilà pour les courants directement chrétiens.

*
* *

Il y eut d'autres courants. D'abord Apollonius de Tyane, qui fut un réformateur des temples et des sectes diverses, un thaumaturge extraordinaire, un grand Initié. Après lui, vinrent les néoplatoniciens proprement dits, la grande Ecole du ve siècle qui fournit Ammonius, Plotin, Porphyre, Jamblique et plusieurs autres grandes âmes. Plus tard, Mahomet fonda une religion, non pas grande comme les autres, mais importante néanmoins pour le peuple auquel elle s'adressait ; sa morale se trouve dans le Koran ; sa philosophie a été développée par les grands philosophes arabes, Avicenne, Averroës et d'autres ; enfin sa mystique est exposée dans les œuvres des Suffis, — une grande mystique, admirable comme toutes les autres. L'Islamisme est donc une religion qui n'est pas à dédaigner ; elle est excellente pour les peuples rudes et fanatiques auxquels elle s'adresse ; elle a produit une civilisation magnifique et étendue, et c'est des Arabes que l'Europe a reçu la lumière alors que le Moyen Age enveloppait tout de son obscurité profonde.

Un peu plus loin, au XIIe siècle, nous rencontrons les Templiers, et au XVIIe siècle les Rose-Croix, dont les doctrines sont une mixture de christianisme, de kabbalisme et de rites du culte égyptien.

Mais je passe pour arriver à un effort spécial, celui des théosophes de l'avant-dernier siècle, l'effort du comte de Saint-Germain, le brillant messager de la grande fraternité : la Révolution l'empêcha d'aboutir.

*
* *

Aujourd'hui l'humanité est arrivée à un point particulièrement critique de son évolution : scepticisme de plus en plus complet, matérialisme profond, lutte partout et sous toutes ses formes. Nous n'en sommes plus seulement aux guerres internationales ; mais les nations sont divisées contre elles-mêmes : lutte de races, lutte de classes, de familles même, rivalités commerciales et industrielles, *struggle for life* entre les individus. Nous ne pouvons que constater partout les résultats du culte intensif du moi, les résultats du plus terrible et du plus féroce égoïsme. La grande régulatrice des siècles passés, l'Eglise, est abandonnée parce que ses dogmes outragent la raison moderne et que l'esprit du christianisme est étouffé par sa lettre. Un besoin intense, une véritable nécessité d'union se fait sentir ; il faut beaucoup d'amour, de lumière et de dévouement pour rassembler de nouveau tous ces débris que sépare l'âpre individualisme.

C'est pourquoi un nouveau « *messager* », un précurseur nous arriva, Mme H. P. Blavatsky, qui, en 1875, sans instruction spéciale, fonda à New-York cette *Société théosophique* qui s'est donné pour tâche de réaliser ce qui est le plus nécessaire à l'époque actuelle, la *fraternité universelle*, l'union des religions par leur étude réciproque ou comparée, et le développement, chez une rare minorité d'individus particulièrement préparés, des pouvoirs psychiques, c'est-à-dire de ce qu'il y a de plus sacré et de plus divin en l'homme. Voilà les buts de la Société théosophique; j'insiste particulièrement sur le premier : *la formation du noyau de la fraternité universelle future de l'humanité.*

Mme Blavatsky a écrit, on le sait, ces livres remarquables, *Isis dévoilée* et la *Doctrine Secrète*, qui sont, à eux seuls, des merveilles pour ceux qui les connaissent bien, qui les comprennent un peu, qui savent les conditions dans lesquelles ils ont été écrits et qui ont su apprécier les trésors d'érudition qu'ils contiennent. La Société théosophique, malgré bien des difficultés intérieures, se développa très rapidement, et, en 1888, on put fonder une Ecole intérieure sur le modèle de celle de Pythagore : c'était rouvrir le *Sentier* au monde extérieur et conduire à la « porte étroite » quiconque était assez pur, assez dévoué pour entrer en rapport avec la Grande Fraternité. Enfin, une littérature considérable s'est développée. Il y a plus de 600 branches dans les divers pays du monde, et la Société progresse très rapidement.

Mme Blavatsky est morte en 1891, après une vie abreuvée de calomnies et d'ingratitudes; mais un instructeur lui succédait, prêt, lui aussi, à se sacrifier pour l'humanité, et d'autres viendront, au fur et à mesure des besoins, tous plus grands, tous plus nobles, jusqu'au glorieux Messie qui fondera la religion de la sixième race, la religion de l'Unité qui embrasse et explique toutes les autres, la seule qui soit réellement universelle et catholique, la religion qui fera de toutes les confessions une grande fraternité liée par l'amour, abritée dans une seule église et conduite par un seul Pasteur.

LA THÉOSOPHIE ACTUELLE

SES PRINCIPAUX ENSEIGNEMENTS

Dans les deux précédentes conférences, j'ai traité des grands Instructeurs de l'humanité, des divins Aînés qui nous ont précédés dans l'évolution et qui reviennent périodiquement pour nous montrer la route à chaque bifurcation du chemin, pour nous éclairer chaque fois que la nuit se fait, pour réconforter l'humanité chaque fois que ses forces défaillent ou que la désespérance l'envahit.

Aujourd'hui, je m'efforcerai de projeter la lumière de leur enseignement sur quelques points particulièrement importants du mystère de la vie, ce mystère que l'existence ne révèle que peu à peu, au cours de siècles nombreux, et au prix de douleurs sans nombre.

Qu'est l'homme ? d'où vient-il ? où va-t-il ? qu'est l'Etre et que sont les êtres ? qu'est l'Etre infini, Dieu ? qu'est l'Univers ? quels en sont l'origine et le but ? que sont les Lois de la nature ? que sont les forces de l'univers ? qu'est l'Evolution ? quels en sont les agents et les méthodes ?

Dans l'immense champ de ces problèmes, je n'examinerai que les points qui intéressent particulièrement l'humanité, et, parmi ceux-là, seulement les plus importants.

Je m'efforcerai de vous en dire ce que, grâce à l'enseignement théosophique, j'ai cru en comprendre.

Cet enseignement, vous le savez, est aussi ancien que l'humanité ; je vous ai montré qu'il avait été apporté par les premiers Instructeurs aux premières humanités. Toujours identique à lui-même, ses noms seuls ont changé à travers les siècles ; on l'appelait du nom générique de « Mystères » sur l'Atlantide et en Egypte ;

dans l'Inde, il porte encore celui de « Sagesse Secrète » (*Goupta Vidya*) ; le Christ l'appelait aussi les « Mystères », — les Mystères réservés à ses disciples ; les philosophes chrétiens des premiers siècles l'appelaient la *Gnose*, la connaissance ; avec les néo-platoniciens, ce fut la Théosophie, qui veut dire « Sagesse divine » ; cet enseignement reprit enfin le même nom au siècle dernier, avec H. P. Blavatsky.

Mais qu'importe le nom ?

La méthode de dispensation de cet enseignement est une ; elle est restée la même à travers les siècles ; sans cesse, une partie a été publique, et l'autre réservée au petit nombre. On a donné publiquement ce qu'il n'y avait aucun inconvénient à révéler à tous, et on a instruit, dans le secret, le petit nombre de ceux qui pouvaient comprendre les hautes vérités, c'est-à-dire les choses trop difficiles à comprendre, trop sacrées pour être révélées publiquement, ou celles qu'il était dangereux de faire connaître à une humanité encore égoïste et impure.

Nous reviendrons sur ce point dans la prochaine conférence.

Le programme qui vous a été distribué indique, pour le sujet d'aujourd'hui, une partie théorique et une partie pratique ; mais je me suis aperçu que je ne puis parcourir en une heure un champ aussi vaste ; je ne traiterai donc aujourd'hui que le côté théorique et je réserve pour la prochaine conférence le côté pratique, celui qui expose les préliminaires des moyens pratiques pour arriver à la preuve personnelle, directe, objective, pour ainsi dire, des enseignements dont il va être question.

Dans ce que je vais dire, les erreurs que je pourrai énoncer seront de moi : n'en rendez pas la théosophie responsable.

Bien des choses seront peut-être abstraites ; je m'efforcerai pourtant de vous les présenter le plus simplement possible; mais, véritablement, si je ne venais vous exposer que des choses que vous connaissez tous déjà, ou des idées philosophiques qui sont de notoriété publique, ce serait bien puéril que de vous avoir conviés à cette réunion.

La plupart d'entre vous savent tout ce que je vais dire et plus encore : à ceux-là je demanderai leur bienveillance et leur sympathie ; ceux qui en savent moins que je ne dirai, je les prierai de me prêter toute leur attention.

Le sujet ne comprend qu'un petit nombre de points de la Théosophie, — ce sont, malheureusement pour moi, les plus grands. Il s'agit, en effet, de Dieu, l'Univers, les êtres, l'évolution : c'est beaucoup plus qu'il n'en faut pour effrayer un plus brave que moi.

*
* *

Qu'est-ce que Dieu ? — Je parle ici de l'Etre en soi, de ce quelque chose qui ne se perçoit vaguement qu'au plus profond de nos cœurs, que tout homme soupçonne, mais que nul ne peut définir, ni comprendre. Il est donc très difficile d'exprimer l'inexprimable, de manifester par des mots le non manifesté, de concréter l'abstrait, la racine cachée de toute chose.

Ici, je ne puis donc que me taire.

Les philosophes antiques et modernes n'ont pu en parler que par des négations. Ils ont dit, par exemple, que c'était ce qui n'avait pas de conscience; c'est-à-dire que la conscience, même la plus parfaite, que l'homme puisse posséder, ne ressemble en rien à la conscience de Dieu. Voilà pourquoi ils ont dit : c'est l'inconscience, voulant dire que c'est, en réalité, la conscience absolue.

Ils ont dit encore : Dieu est le non-être, pour la même raison. Tous les êtres sont limités, incomplets, imparfaits. L'Etre absolu c'est l'Etre véritable, dont tous les êtres finis ne sont que des aspects, des facettes, comme les divers rayons colorés qui s'échappent d'un diamant ne sont que des aspects de la lumière qui pénètre ce diamant et sort de ses facettes.

Je n'ai rien autre à vous dire de Dieu : il est trop grand.

Mais nous pouvons parler jusqu'à un certain point de ce qui existe, c'est-à-dire de l'être manifesté, relatif, dont j'ai parlé, des êtres contenus dans l'Univers.

Qu'est l'Univers, d'abord ? C'est un grand être : le corps, la manifestation du Dieu manifesté.

Comment quelque chose peut-il se manifester dans ce qui n'est rien, c'est-à-dire dans l'Etre abstrait ? Par des oppositions, par des différences. Demandez à un peintre s'il lui serait possible de faire un tableau avec une seule couleur. Il vous dira qu'il ne peut créer des formes sans des oppositions.

Pour que Dieu, qui est l'homogénéité parfaite et qui, de ce fait, est absolument invisible, intangible, devienne quelque chose de manifesté, il faut que sa volonté projette deux opposés dans l'Univers. Je dis deux, mais c'est en me plaçant au point de vue théorique et pour synthétiser, car il y a des milliards d'opposés, sortant tous de ces deux opposés primordiaux ; ils sont dans toutes les philosophies, ils constituent les antinomies de tous les systèmes.

Que sont-ils dans leur essence ? Ce que la science appelle des *vibrations*, des forces.

Qu'est une vibration ? C'est, dit-on dans les sciences physiques, le mouvement de va et vient plus ou moins rapide d'une portion de matière. Cette définition est insuffisante et je crois pouvoir m'approcher mieux de la vérité, en ajoutant que cette vibration est le résultat de la volonté de Dieu, se manifestant par ce que nous appelons du mouvement.

Dieu manifeste l'Univers en jetant dans l'espace abstrait, — et je dis abstrait parce que l'espace objectif des mondes n'existe pas avant que l'univers objectif n'ait été créé, — deux immenses forces radicales opposées ; et dès qu'il y a une dualité dans l'homogénéité, la manifestation, la création est opérée.

Ces deux énergies opposées sont partout présentes ; comment, en effet, concevoir une force, sans une résistance contre laquelle elle s'exerce ? Essayons de caractériser une force en nous servant de la faible résistance de l'air ; l'élasticité de celui-ci permettra de mesurer cette force. — Exerçons maintenant une pression contre un mur avec un bâton ; quand la force, mise en œuvre, sera égale à la résistance de ce dernier, le plus petit effort ajouté en occasionnera la rupture.

L'électricité, pour prendre un autre exemple, se manifeste à nous avec deux polarités opposées, nécessaires à son existence, et c'est la différence de potentiel, ou si l'on préfère, de niveau électrique, entre le pôle positif et le pôle négatif, qui occasionne et mesure le mouvement, de l'un à l'autre appelé courant.

De même l'action des aimants est invariablement caractérisée par l'existence de deux polarités égales et de signe contraire.

Partout dans l'univers la grande loi de l'*action*, suscitant la *réaction* amène l'équilibre ou l'*harmonie*. Les trois « gounas » de l'antique philosophie indoue : « Rajas » s'exerçant contre « Tamas » pour produire « Sattva » sont reconnues, sous d'autres noms, par la science occidentale.

L'Univers n'est donc autre chose qu'un ensemble de vibrations, diversifiées à l'infini, et devenues visibles, manifestées à nos yeux grâce aux résistances qu'elles éprouvent.

Et maintenant, qu'est la matière ?

Ceux qui disent que la création a lieu *ex nihilo*, c'est-à-dire de rien, ont raison, si l'on appelle *rien* ce qui est en réalité tout, — la Force divine ; en donnant aux mots leur sens habituel, nous devons dire que le monde est fait de mouvement divin, et que rien de ce qui existe n'est autre que ce mouvement.

Qu'est, en effet, ce que nous appelons la *matière* ? Les philosophes nous disent qu'elle n'existe pas, que c'est une illusion, et ils ont, en somme, raison. Je vais essayer de le prouver.

La matière est une illusion, parce qu'elle n'est pas ce que nous la croyons : le fer, le bois, ne sont pas ce que nous imaginons, mais seulement de la vibration, du mouvement.

C'est en ce sens que la matière est une illusion; mais la vibration est une réalité, elle est le mouvement divin, modifié au gré de Dieu. Tel est le point de vue auquel se placent les philosophes qui parlent de l'illusion de la matière.

Un exemple. Qu'un homme, tenant à la main un bâton enflammé, décrive des cercles dans l'espace. Si son mouvement devient assez rapide pour que la rétine n'ait pas le temps de saisir les positions successives du bois enflammé, ce mouvement, pour notre rétine imparfaite, deviendra continu : nous verrons un cercle de feu. Ce cercle sera pourtant une illusion, car, en réalité, ce n'est pas un cercle, mais simplement un bâton enflammé se déplaçant dans l'espace.

Un autre exemple. Faisons vibrer une corde tendue. Si la vibration est assez rapide pour que notre vision ne puisse en noter les étapes dans l'espace, cette corde apparaîtra comme une surface, un losange vibrant; si elle est remplacée par un fil de fer porté au rouge, le losange sera de feu.

Prenons un exemple plus concret, un cristal. Ce solide géométrique est limité par un certain nombre de surfaces planes déterminées par des relations simples avec certaines directions appelées axes cristallographiques. En réalité ce sont les mouvements vibratoires des particules matérielles rangées suivant ces plans, qui produisent, pour nos sens, les surfaces du cristal. Celles-ci sont des illusions analogues à celles dont nous parlions pour le losange ou le cercle de feu. Et, comme l'ensemble des vibrations des particules, rangées suivant un des plans limitatifs du cristal est si rapide que, pour notre toucher, il devient impossible de distinguer leurs mouvements successifs, au lieu d'une série de chocs distincts, nous avons la sensation d'une force fixe qui s'oppose à nous, c'est cette résistance que nous appelons une *surface*; par conséquent, tout objet n'est donc, en réalité, qu'un système vibratoire en activité. L'illusion consiste en l'idée qu'il y a une surface ou plutôt que la surface est quelque chose de réel en soi, de fixe et au repos, alors qu'elle n'est qu'un ensemble de vibrations si rapides que notre toucher imparfait ne peut les distinguer et qu'elles deviennent pour nous une force continue, un obstacle fixe.

L'univers est, en somme, un système de forces d'une extraordinaire complexité, et quand on dit que l'Univers a été créé par le Verbe, on évoque une image d'une grandiose vérité, et d'une profonde philosophie.

Qu'est le *Verbe?* Du son, de la vibration, la volonté de Dieu provoquant un système de vibrations qui crée l'univers. Dieu seul peut produire un pareil effort.

Le système de forces qui est l'Univers peut se décomposer en un certain nombre de forces radicales. Il y a d'abord celles qui sont au commencement de la manifestation : les deux « contraires » dont j'ai parlé. Le début de la manifestation d'un Univers est quelque chose de vague, quoique de manifesté déjà ; on dit que c'est de la matière non différenciée, parce que nous n'avons pas de mot en français pour caractériser ce stade ; c'est en réalité de la matière représentant déjà la multiplicité, la triple matière *pré-cosmique*, qui se manifeste avant celle, plus hétérogène, qui constituera l'univers proprement dit et qui sera septuple, c'est-à-dire formée des sept atomes-types qui réalisent le monde.

Pourquoi 3 en haut et 7 plus bas ? Je ne puis me l'expliquer. Il me suffira de dire que toutes les philosophies, toutes les religions, ont donné le même enseignement et que les forces de la nature paraissent, théoriquement du moins, se former ainsi : l'un génère le trois, le trois en polarisant l'un, donne le sept.

Projetez un rayon lumineux sur un prisme et vous en obtiendrez sept couleurs différentes. Le rayon lumineux représente l'Unité (Dieu), le prisme c'est la trinité, le spectre est l'image des 7 atomes ; les philosophes ont dit que pour que l'Unité, l'abstrait, se manifeste, devienne objective pour les sens, il faut la dualité, les contraires ; et que, comme la dualité, toute seule, donnerait deux lignes se perdant dans l'infini si elles ne se limitaient, il faut qu'une troisième ligne se place en travers d'elles et réalise le triangle.

Le triangle est la première des figures pleinement manifestées dans l'univers.

A travers cette trinité se manifestent sept grandes forces, dont les sept rayons du spectre sont des représentants, ou plutôt des analogues, et qui ont à leur racine un atome.

Chaque atome correspond à un monde ; l'atome primordial forme, par ses agrégations diverses, les six atomes secondaires qui le suivent. Les atomes d'un même monde, en s'agrégeant entre eux de millions de façons, forment tous les états de matière de ce monde et comme il y a sept atomes types, — ce que Williams Crookes appellerait 7 protyles, — il y a, par conséquent, sept états de matière, et 7 mondes, — si l'on donne à ce dernier mot le sens d'un ensemble d'états de matière correspondant à un type atomique particulier.

C'est ce que les religions nous disent d'une autre façon quand elles enseignent que, au-dessous de Dieu, il y a les 3 personnes de la Trinité, — le 3, — et, au-dessous de la Trinité, les sept Esprits de la présence, le 7.

Au sommet, pour ainsi dire, ou plutôt, au centre de l'Univers, se trouve le Mouvement unique, le Mouvement divin, et, si vous me permettez d'emprunter encore un exemple au monde physique, je vous ferai comprendre comment le mouvement parfait, la force divine, se limite en passant à travers des véhicules ou états de matière différents et manifeste des qualités et des forces différentes.

La nature de l'électricité nous est inconnue. Elle se manifeste à nous sous les aspects divers des autres forces physiques, si nous la faisons passer dans des transformateurs appropriés C'est de l'énergie, en mouvement. Elle nous donne de la lumière grâce à un récepteur qui est, soit une lampe à arc, soit une lampe à incandescence, et pourtant elle n'est pas de la lumière. Si nous remplaçons la lampe par un appareil à galvanoplastie, elle nous paraîtra changer de nature et manifestera de l'action chimique. Si l'on place ensuite sur son trajet un appareil pouvant produire du mouvement, elle deviendra moteur. Plaçons enfin, devant elle, un appareil téléphonique et elle nous donnera du son. Pourtant elle est toujours la même dans sa nature propre.

Et bien, cette électricité, je la compare au Mouvement pur, à la Force divine, force une, qui, par son passage à travers les véhicules différents qu'elle anime, — ces véhicules, dans l'univers, sont non seulement les mondes, mais les objets, les êtres et tous les composés possibles que ces mondes contiennent, — manifeste l'immense variété des forces de l'Univers.

En voici les plus importantes.

Dieu, en action dans les trois premiers aspects de la matière, ce que nous avons appelé la matière non différenciée, — le premier triangle, — manifeste trois forces capitales qu'il nous est impossible de connaître, — nous sommes trop bornés pour cela, — mais que nous concevons comme Volonté, Amour et Intelligence : les trois personnes de la Trinité. La Trinité nous dépasse de toute son immensité, mais elle est en nous, elle anime et constitue notre être minuscule, nous pouvons sentir en nous ses représentants. Chaque être possède en soi ses trois aspects primordiaux ; une intelligence, de l'amour, — ne fût-ce que l'amour de soi, — de la volonté ; plus un être est évolué et plus son intelligence, sa volonté et son amour sont grands.

Quand la force divine s'est manifestée à travers ces trois aspects de la matière pré-cosmique, et a réalisé ce que nous appelons la Trinité, le Dieu personnel, triple et un, elle se projette dans l'univers, polarisée en sept énergies spéciales qui représentent sur chaque monde une force radicale particulière à ce monde.

Nous reprendrons dans un instant l'étude de ces forces, quand il s'agira d'expliquer l'homme, car alors nous pourrons mieux les comprendre, — nous verrons que nous pouvons commencer à les sentir en nous. L'homme, — toutes les philosophies l'ont dit, — est un microcosme, un petit univers ; il possédera, quand son développement sera complet, la représentation en minuscule de toutes les forces de l'univers, ces forces dont les combinaisons donnent lieu à ces milliards de qualités que nous voyons autour de nous.

Quel est le but de l'univers, de cette complexité effrayante de forces et d'états de matière?

Le monde n'est pas le résultat d'un sport divin inutile; il a pour objet la création d'un nombre très grand de centres de conscience, d'êtres tous « créés à l'image de Dieu », comme le dit la Bible, d'êtres qui naissent, se développent, grandissent, se divinisent et deviennent non pas Dieu, — on ne peut atteindre l'Infini, — mais semblables à Dieu. C'est la création d'un nombre considérable d'êtres qui évoluent et marchent vers la divinité : vers l'omniscience, l'omnipotence et la sagesse parfaites.

∴

Par quelles méthodes des êtres peuvent-ils être créés?

Ce point est difficile à pénétrer; il nous faut pourtant l'essayer; le reste se déroulera plus facilement ensuite, la vie s'éclairera sur plus d'un côté important, et bien des mystères n'en seront plus.

Un être est un point, une espèce de fragment de cet Etre inconcevable, — un fragment enfermé dans un véhicule de matière.

Comment peut-il devenir un être proprement dit, c'est-à-dire un « moi » conscient de ce qui l'entoure?

Laissez-moi vous dire d'abord comment se fait cette inclusion, — tous les mots sont bien faux pour exprimer ces conceptions, — du fragment divin dans un véhicule, ou mieux, dans la série de véhicules qui vont lui servir de corps.

C'est Dieu, — Dieu sous son aspect de *créateur*, ou 3e personne de la Trinité, — qui, par son Intelligence, produit la création de ces types idéaux qui se manifesteront, au cours de l'évolution du monde, par les formes diverses, — des plus gigantesques aux plus microscopiques. Chacun de ces objets contiendra une portion de l'Essence infinie, et c'est cette portion qui, sous l'influence des chocs vibratoires de l'ambiance, se développera et prendra peu à peu un « moi ».

Cette parcelle d'essence divine évolue, je le répète, et devient un centre de conscience, un « moi », sous l'influence des vibrations qui vont la frapper. Sans ce centre de conscience, l'être ne peut exister; mais lorsqu'il sera formé, il sentira qu'il est distinct de ce qui l'entoure, — la « séparativité », qui est une erreur, est nécessaire à la naissance de l'être, — il pourra examiner les vibrations qui l'ont éveillé, les analyser, les juger, les comparer, trouver en elles un élément important de développement et marcher rapidement sur son chemin.

Ce sont les vibrations physiques de l'univers qui, frappant un centre de conscience, développent en lui, d'abord, la sensation :

vous le voyez dans la nature. La sensation commence dans les minéraux : chez eux, l'affinité chimique n'est autre chose qu'une des formes de la sensation qui crée les affinités et les répulsions. Chez les végétaux, la sensation devient plus forte et plus nette : la sensitive sent les chocs et rabat ses feuilles ; une foule de plantes se ferment au coucher du soleil. Chez les animaux, la sensation augmente et se montre d'autant plus nette et plus forte que le système nerveux est plus compliqué.

En même temps que la sensation frappe le centre de conscience, c'est-à-dire l'Essence divine, cette essence se distingue peu à peu de la sensation, et quand des milliards de sensations l'ont frappée elle a développé le sentiment du moi et du non-moi : le non-moi, c'est l'objet qui lui apporte la sensation. L'être analyse alors la sensation et développe lentement les aspects divers de l'intelligence. Les vibrations harmonieuses pour son appareil sensoriel, il les trouve agréables ; quand elles excèdent le taux vibratoire normal de son corps, il les trouve douloureuses ; il finit par aimer les unes et par détester les autres ; plus tard ces préférences deviennent, par l'intervention plus active de l'intelligence, l'amour et la haine.

Bientôt il analyse mieux, plus intimement ; il se souvient, il prévoit ; il évite certaines sensations et s'en procure d'autres.

Mais le travail du « moi » ne s'arrête pas là. Quand il a examiné avec soin une force de la nature, il commence à s'en rendre maître. La science naît ainsi, elle s'approprie les manifestations d'une foule de forces en les analysant et les comprenant, et plus sa compréhension en est profonde, plus sa maîtrise en est complète.. Le centre de conscience, en devenant plus intelligent, devient plus puissant.

Le développement s'accompagne d'une extension toujours plus grande de la puissance des sens ; plus un être est avancé, plus son appareil sensoriel est compliqué ; on ne comprend que ce qui peut faire une impression en soi, et la connaissance complète de l'univers exige la faculté de sentir toutes les vibrations de cet univers. Il faudra des siècles sans nombre pour obtenir la connaissance du monde. Le savant actuel est encore loin de comprendre simplement le monde physique. Les microscopes et les télescopes ne lui suffisent pas, il lui faut des appareils sensoriels perfectionnés. Quand la vue sera parfaite, l'homme verra clairement à travers les corps, il n'aura plus besoin d'utiliser les rayons Röntgen qui d'ailleurs, ne lui donnent que des images confuses : déjà des exemples de ce pouvoir se sont montrés çà et là, et ceux qui les manifestent sont des précurseurs de l'humanité de l'avenir.

Mais nous n'avons pas seulement à connaître le plan physique, il y a aussi les mondes qui correspondent aux autres atomes types, aux six autres protyles, et, sur cette route, l'évolution nous réserve bien des surprises, bien des connaissances, bien des pouvoirs.

Quand nous aurons passé par tous les mondes, nous aurons acquis la connaissance de tout l'univers et de toutes ses forces; nous n'auront pourtant pas acquis l'omniscience : notre univers n'est qu'un point, une faible partie des choses que Dieu, — l'Omniscience, — peut créer, des milliards d'univers qu'il peut former tous différents les uns des autres.

Le but de la matière, on le voit maintenant, est d'éveiller et d'éduquer les centres de conscience, les êtres; quand ils sont éveillés, quand ils ont acquis le « moi », ils deviennent *immortels*. Comme essence, comme fragments de l'Etre infini, ils sont éternels, mais à quoi sert d'être éternel si l'on ignore que l'on est; et si le « moi » ne commence qu'à un moment de l'éternité, ce moi, bien qu'il ne puisse finir, ne peut être éternel puisqu'il a eu un commencement.

Et ces centres de conscience, en arrivant à la connaissance successive de toutes les forces d'un univers, acquièrent l'omniscience et l'omnipotence pour ce qui concerne cet univers.

∴

Mais n'oublions pas que l'illusion du moi est une erreur: on l'appelle l' « illusion de la séparativité ».

Le centre de conscience, dans son imperfection, commence à se sentir séparé des autres êtres. Il est à son premier stade : c'est l'intelligence naissante, incomplète, — qui sépare, qui analyse, qui dissèque tout ce qui lui est soumis. Mais elle grandit et elle arrive, plus tard, à embrasser un ensemble d'objets et à examiner les côtés par lesquels ils se ressemblent; elle ne classe plus les choses d'après leurs différences, mais d'après leurs affinités : c'est l'intelligence agrandie, synthétique, arrivant à concevoir l'unité, à comprendre que tous les êtres forment, par leur essence divine, les fragments d'un Etre suprême et que rien d'autre que cet Etre un et infini ne peut être, que tout ce qui existe constitue, malgré son apparente séparation du tout, la série des aspects d'une même Unité immuable. C'est l'Unité conçue par l'intelligence.

A mesure que l'évolution avance et que le centre de conscience se développe davantage, le rayon de sa conscience, — permettez-moi cette expression, — s'étend; il arrive à saisir d'une façon objective par une sensation particulière aussi forte qu'elle est indéfinissable, qu'il est la vie des autres êtres et que la vie des autres est la sienne; il concevait déjà l'unité, la fraternité réelle des êtres, maintenant il la sent.

Plus tard encore, grandissant pour ainsi dire dans une direction nouvelle, il comprend non seulement son union avec tous les êtres, mais il découvre le grand secret : il sait enfin qu'il n'est qu'un centre dans le grand Centre, dans Dieu, dans l'Unité suprême. Dès lors, l'erreur du « moi » qui lui a été utile, indispensable, est vaincue à jamais ; elle apparaît dans toute son illusion, mais l'être créé par elle, l'individu, le dieu nouveau demeure en Dieu comme « moi » distinct, grâce à la ligne de mémoire laissée derrière lui et qui l'identifie nettement à travers son évolution passée.

Et c'est ainsi que s'effectue le grand pèlerinage et que se réalise la divine création.

∴

Voici l'être arrivé au but de son évolution ; nous ne nous occuperons point des sommets qui l'attendent encore, perdus dans le ciel infini : il est une « asymptote » s'approchant éternellement de Dieu, se divinisant éternellement sans jamais remplir l'Infini.

Cette immense évolution a un corollaire : nous voyons une longue série évolutive hiérarchisée, formée des êtres les plus simples jusqu'aux plus compliqués ; tous les règnes s'y présentent, étagés les uns sur les autres, liés les uns aux autres dans un développement sans fin et par une transition parfaite.

Voyez l'humanité. Elle déroule ses anneaux depuis le sauvage jusqu'aux plus grands saints, aux plus grands sages.

D'autre part, chaque cycle individuel ne réalise qu'un fragment du progrès. L'homme lui-même, qui pourtant par l'intervention de son intelligence et de sa volonté est capable d'une marche rapide, fait bien peu au cours d'une vie ; comment donc, de l'état sauvage a-t-il pu arriver à l'état civilisé ? Comment de la brute est-il devenu un savant, un saint ?

Ceci implique comme corollaire de la loi du progrès, le retour de l'être (l'âme) à l'évolution quand le corps périt et la conservation des qualités acquises au cours de son cycle d'incarnation. Quand un homme perd son corps visible, il conserve ses acquisitions et, en revenant à la vie future, il les rapporte avec lui ; sans cela le progrès serait impossible.

Le progrès implique donc la Réincarnation.

Elle est le premier corollaire de l'évolution : en voici d'autres.

∴

Qui fait l'évolution ? Quels en sont les Agents ?

Dieu, — le Créateur — prépare toute la hiérarchie des formes, car le centre de conscience, pour développer le « moi », doit passer par une série de véhicules gradués de façon à ce qu'il apprenne depuis l'alphabet jusqu'aux connaissances les plus compliquées.

Il ne peut, en effet, recevoir au début que les vibrations les plus simples, pour employer un langage mathématique, — celles que des sens rudimentaires portent au centre de conscience. Les plus compliquées, — celles qui correspondent à des organisations très complexes, — ne pourront être saisies que plus tard, après que l'expérience des premières aura été faite : on ne saurait comprendre les mathématiques supérieures avant d'avoir la connaissance parfaite des mathématiques élémentaires.'

Telle est la raison de la hiérarchie des formes, dans la nature.

*
* *

Ceux qui ont commencé leur évolution avant nous et qui, par conséquent, nous ont dépassés, sont nos aides. Ce n'est pas que Dieu ne puisse faire l'évolution à lui seul, mais, pour qu'un être grandisse, il faut qu'il exerce ses facultés ; pour devenir divin il faut œuvrer divinement. Quand un homme est parvenu au stade que l'on peut appeler surhumain, il est devenu infiniment meilleur que l'humanité actuelle ; il ne désire alors qu'une chose : aider, se donner, et, même à notre époque de lutte, les meilleurs des humains considèrent l'assistance de leurs frères comme le véritable but de la vie.

Il est donc tout naturel que les Aînés concourent activement à l'assistance des hommes et des règnes inférieurs, bien que Dieu n'ait pas besoin de leur concours : ils aident, poussés par leur cœur qui embrasse alors tous les êtres et les considère comme des frères cadets, et c'est ainsi que, par leur collaboration à l'œuvre divine, ils se divinisent à leur tour.

*
* *

Les êtres qui n'ont pas encore acquis le moi, — l'intelligence, — prennent à l'évolution une part inconsciente, poussés par l'instinct qui n'est autre que la volonté de Dieu se manifestant dans la nature inférieure. Mais quand ils arrivent au stade de l'intelligence, ils commencent à développer une volonté individuelle et participent à l'évolution d'une façon plus ou moins consciente : de nouveaux et importants résultats se montrent alors.

L'être commençant à comprendre et à vouloir, son libre arbitre influence ses décisions, et quand il cherche dans un acte une satisfaction ou un résultat quelconques, il assume une responsabilité dont le degré varie avec son intelligence et sa volonté.

Quand il va dans le sens des forces de l'évolution, il est aidé par le courant de la loi : c'est la satisfaction physique et morale ; quand il va contre ces forces, il est gêné, comme le nageur qui veut remonter le courant : c'est la fatigue et la douleur. Et la douleur est la grande éducatrice; elle est la voix de Dieu, la voix de la Nature nous criant que nous allons contre la Loi, — et c'est ainsi que l'homme goûte à l'Arbre de la Connaissance du bien et du mal. Le bien consiste à aller avec le courant, à marcher dans la voie que Dieu a tracée; le mal c'est lutter contre la loi divine.

∴

Toute action a un résultat : un résultat sur le monde extérieur et un autre sur l'individu agissant. La pensée d'un être, en effet, agit au dehors et au dedans : bonne, elle est bienfaisante et pour l'ambiance et pour l'individu; mauvaise, elle leur est nuisible. La modification provoquée dans l'individu est à noter; elle est directe : il organise ses corps pour exprimer le bien ou le mal : c'est l'une, — la principale, — des façons dont l'individu recueille les fruits de ses actes.

∴

Je passe à la Loi de Justice.

Un homme ne peut récolter plus qu'il n'a semé; il ne peut récolter plus de mal qu'il n'en a fait; il serait donc absurde de croire qu'une vie de vertu peut donner un ciel *éternel*, et une vie de péché un enfer *éternel*.

Les mots ciel et enfer représentent des états réels, des milieux où l'on rencontre ce qu'on appelle la récompense et la punition. Je dis ce que l'*on appelle* punition et récompense, car, pour Dieu, il n'y a ni récompense ni punition. Il ne peut pas plus haïr (punir) qu'être satisfait (récompenser), dans le sens que l'humanité ignorante donne à ces mots.

Chassez donc ces idées; ce sont des épouvantails qui ne peuvent servir qu'aux âmes jeunes. La récompense, c'est la création de forces qui, par le fait seul qu'elles sont semblables aux forces de la Loi divine, sont, à la fois, utiles aux autres et à celui qui les produit : elles accélèrent l'évolution de ce dernier et de tous. La punition consiste en la création de forces qui vont contre la force de la Loi et retardent l'évolution générale en même temps que celle de l'individu.

Mais Dieu, pensez-y, ne punit ni ne récompense, au sens que nous donnons à ces mots, car sa créature, l'homme, est encore trop ignorante pour mériter d'être punie : Dieu, c'est la justice et c'est l'amour.

⁂

En effet, la Justice n'est pas seule dans l'Univers, il y a l'Amour, l'amour de Dieu pour sa création, — ce qu'on appelle la Providence.

La Providence n'est pas cet être capricieux que l'on nous a parfois représenté comme récompensant ou punissant l'homme, selon qu'il a telle ou telle forme de foi, selon qu'il pratique telle ou telle religion. Dieu n'a pas de caprices, il est le père de tous les êtres; tous les chemins conduisent à lui, et ceux qui prétendent que leur voie seule est la voie divine manifestent, pour le moins, une profonde ignorance.

La Providence, c'est Dieu, Dieu incarné dans l'univers tout entier, dans le plus gigantesque des mondes comme dans le plus minuscule des atomes; Dieu qui guide et surveille tout et sans cesse; Dieu qui empêche que notre charge ne soit trop lourde et ne nous écrase, qui empêche qu'un être quelconque souffre de l'injustice, d'où qu'elle puisse venir. Et s'il ne l'empêchait, c'est qu'il ne serait pas assez puissant et alors il ne serait pas Dieu, ou il ne serait ni bon ni juste — et il serait alors bien moins Dieu encore.

La justice règne partout : le cœur nous le crie bien avant que l'esprit nous le montre.

⁂

Telles sont les quelques idées que je me suis efforcé de vous présenter; je les soumets à votre appréciation, — à vos méditations plutôt, — car chacune d'elles devrait faire à elle seule l'objet d'une conférence. Je pourrai les résumer ainsi :

L'Univers est la manifestation de l'amour divin;

Les lois de l'univers sont cet amour en action;

Les êtres sont des fragments de l'Etre universel, les rameaux de l'arbre cosmique; une même vie les lie et les rameaux qui croient pouvoir vivre de leur vie personnelle et se détachent de l'arbre, se dessèchent et meurent : la solidarité est infrangible, nul ne peut s'y soustraire;

Le progrès se fait par l'effort personnel et par la liberté;

Nous récoltons ce que nous semons;

La hiérarchie des êtres est constituée par les stades d'évolution différents auxquels ces êtres sont arrivés : les plus évolués sont les aînés, les autres sont les cadets ; nous n'avons pas plus à jalouser nos aînés qu'ils n'ont à mépriser leurs cadets : tous nous sortons de la même racine, pour suivre le même chemin, et arriver au même but.

Dieu veille pour qu'aucune injustice ne se produise dans l'univers, pour que nul être ne soit écrasé par la charge qu'il traîne en gravissant son Golgotha.

LA THÉOSOPHIE PRATIQUE

LE SENTIER

Dans la troisième conférence, j'ai fait un rapide exposé des principes primordiaux de la Sagesse antique, enseignée jadis sous le nom de « Religion-Sagesse » et nommée de nos jours « Théosophie ». Je vais essayer, aujourd'hui, d'en résumer le côté pratique, car il est, pour le moins, aussi important que le précédent. C'est en somme le sentier de l'évolution, le chemin de la vie, du progrès : la *Voie*.

Le chemin normal de l'évolution peut être comparé à un chemin carrossable, qui monte au sommet d'un pic ; il suit le flanc de la montagne en spires d'une pente douce ; il est large, abordable pour tous, il est facile, il est sûr, mais il est long.

La voie anormale est un chemin de traverse. Ce chemin va droit au but et ne nous ménage que quelques étapes échelonnées le long de son rude escarpement ; il conduit rapidement, mais il est difficile, pénible, dangereux ; il n'est pas à recommander. Pourtant quelques âmes sont faites pour lui.

Les deux chemins sont en réalité identiques ; ils diffèrent par la rapidité et les difficultés de la marche, mais leur aboutissement est le même. Ils offrent deux parties principales : la première est facile, beaucoup y sont appelées, c'est le sentier de probation ; l'autre est difficulteuse et réservée à l'extrême petit nombre, c'est la route des « parfaits », comme disait saint Paul, — on l'appelle le Sentier du disciple. Ceux qui sont arrivés à le fouler sont, comme l'indique leur nom, les disciples d'un grand Instructeur ; ceux qui suivent le sentier de probation ne sont que des aspirants à l'état précédent.

Je vais essayer de faire l'esquisse de ces deux voies.

*
* *

Prenons d'abord le sentier de probation.

Ce sentier a existé de tous temps, dans toutes les Ecoles philosophiques, — celle de Pythagore, par exemple, — et dans toutes les grandes religions, y compris le christianisme. Nous le trouvons partout formé de quatre étapes : en Egypte où il y avait quatre degrés préliminaires, — *Pastophore*, *Néocore*, *Mélanophore* et *Kristophore* ; dans le bouddhisme et l'indouisme ; chez les pythagoriciens, — auditeurs, physiciens, mathématiciens et étudiants des Mystères. — Ces quatre classes se retrouvent dans le christianisme primitif ; elles sont malheureusement perdues aujourd'hui, — le sentier de probation est perdu pour l'Occident.

Pourquoi ?

Parce que l'Initiation n'est plus comprise par les prêtres ; l'esprit a été absorbé par la lettre ; il n'y a plus d'instructeurs capables de conduire aux sommets ; le corps sacerdotal, depuis des siècles, se borne à l'enseignement de la morale ordinaire et nourrit malheureusement plus de désirs de puissance temporelle que d'aspirations spirituelles, — ceci dit sans le moindre esprit de critique, mais simplement comme une constatation douloureuse que tous les esprits impartiaux peuvent faire. — Si le haut clergé qui, dans les Eglises antiques, représentait le corps des Initiés, avait conservé la connaissance profonde, cette connaissance qui embrasse aussi bien le monde des formes (la science) que celui de l'esprit ; il pourrait, comme jadis, conduire les âmes vers la vie divine et satisfaire les besoins des hommes sortis de la période d'enfance de la race, par de nouveaux enseignements ; il pourrait illuminer l'esprit sous le voile épais de la lettre ; les pouvoirs de l'Etat n'auraient point songé à le supplanter dans ses fonctions, et des laïques ne viendraient pas ici tenter de jeter quelque lumière devant les incrédules de toutes les catégories comme devant les affamés du pain spirituel.

Ce sont les stades du sentier chrétien que je vais prendre comme modèle dans mon exposé des quatre classes d'étudiants du sentier de probation.

Il y avait les auditeurs, les compétents, les élus et enfin les élus des élus.

On appelait « auditeurs » ceux qui entraient dans le corps intérieur de l'Eglise, ceux qui n'avaient pas encore qualité pour parler et qui devaient écouter, apprendre et réfléchir avant de pouvoir se prononcer sur les choses élevées de la religion.

Les « compétents » commençaient à parler ; ils avaient appris les connaissances préliminaires. Venaient ensuite les « élus » et les « élus des élus » qui, ainsi que leur nom l'indique, occupaient un rang supérieur dans les degrés du sentier de probation.

Quel était l'entraînement de ces disciples en probation ? — Il était triple : mental, moral et physique.

L'entraînement mental consistait en des exercices capables d'amener un développement considérable de l'intelligence : le candidat devait étudier la haute science, la haute philosophie et l'esprit des religions, — et cela ne pouvait être réalisé que par un mental subtil et perçant. On demandait aussi une moralité élevée, — des vertus supérieures à celles exigées de l'homme ordinaire. Il existait concurremment un entraînement pratique, qui variait pour chaque stade, mais dont le but était le développement de certaines qualités dont la plus importante était, tout d'abord, l'intuition.

Le but du sentier probatoire était d'amener chez le candidat un développement et un équilibre suffisants pour que la porte du sentier du disciple pût lui être ouverte. Le ternaire humain est composé d'intelligence, d'amour et de force c'est-à-dire de volonté. Il faut que ces qualités soient fortes et en équilibre avant que le sentier supérieur puisse être foulé : car il est, comme disent les hindous, « subtil comme le tranchant d'un rasoir. » C'est un pont étroit jeté sur un abîme. Celui qui veut franchir ce pont a besoin d'une intelligence perçante, d'un cœur toujours bienfaisant, d'une volonté puissante et d'un équilibre parfait.

Le sentier de probation est calculé pour développer ces qualités et cet équilibre chez le candidat, qui plus tard, devient possesseur des qualités suivantes :

∴

Il possède, d'abord, le *discernement*.

L'intelligence vive est une des choses les plus nécessaires dans tous les actes de la vie, plus urgente encore est-elle pour celui qui veut gravir les sommets de ce sentier bordé de précipices. Il faut voir très clairement pour percer le secret des religions, des philosophies et de la science, car science, philosophie et religions cachent un mystère profond : le mystère de l'être. Il faut une intelligence d'un pouvoir éclairant très fort pour dissiper l'illusion de la vie, l'illusion de la matière cachant la force dans ses replis, cachant la vie sous la forme, l'esprit sous la lettre.

Il faut aussi l'intelligence pour établir un contre-poids au cœur — une sagesse sans laquelle les meilleures intentions peuvent devenir folles ou criminelles. Voyez les inquisiteurs ; une foi sincère les a conduits à des monstruosités. Ils manquaient de discernement ; leur cœur était sans guide ; en torturant et brûlant, ils croyaient travailler pour Dieu.

Voyez cette mère qui, par faiblesse, se ruine pour ne pas peiner un fils dilapidateur, menant une vie déréglée. Il lui manque aussi le discernement. Elle a du cœur, mais sûrement pas assez d'intelligence. Elle manque d'équilibre.

La plus grande cause d'erreur c'est l'ignorance, a dit le Bouddha. La personnalité voile tout, dévie tout, polarise tout : elle empêche de voir. Toute faute a pour racine l'erreur, et la plus grande des erreurs, celle qui donne lieu à tous les combats, à toutes les douleurs, à tous les troubles, c'est l'erreur de la « séparativité » qui nous fait croire que nous sommes séparés et distincts des autres. Le jour où cette erreur sera déracinée, il sera facile aux humains de mettre la solidarité en pratique.

Le discernement facilite la compréhension et la pratique de la morale; il en fait saisir le côté utilitaire : notre intérêt aide alors notre cœur et notre volonté dans l'accomplissement du devoir, et s'il est des gens qui par la seule volonté, peuvent accomplir ce qu'ils ont décidé de faire, ils ne le réalisent facilement et bien que si le cœur les y pousse et si l'intelligence leur dit qu'en faisant autrement leur intérêt en souffrira.

Le discernement est la première des qualités que le candidat en probation doive acquérir.

∴

La deuxième, je ne sais quel nom lui donner. On l'appelle quelquefois le détachement, d'autres fois l'indifférence aux résultats des actions. Je veux parler de la haute indifférence, de l'indifférence du philosophe, qu'on a définie parfois la faculté de faire toujours son devoir quoi qu'il en coûte, n'importe où et n'importe quand. Cette qualité est très importante car la deuxième des grandes causes du mal c'est le désir.

Mais le désir, me direz-vous, n'est, au fond, que l'aspiration de l'âme au bonheur et presque tous les désirs peuvent être synthétisés par la même aspiration. Que peut-il donc y avoir de funeste dans le désir? L'ignorance encore.

On cherche le bonheur partout : dans les sens, dans l'intelligence, dans le cœur. Les sens ne peuvent le donner; leur satisfaction est passagère, elle lasse le corps, tourmente l'esprit, et ne laisse aucun repos. Le désir est insatiable.

L'intelligence peut donner quelque satisfaction, mais elle se bute à un mur; elle ne peut percer la grande énigme.

Les plus avisés cherchent le bonheur dans le cœur, dans le dévouement, dans le sacrifice; ceux-là seuls trouvent satisfaction. Pourquoi?

Parce que le bonheur ne peut résider que dans l'accomplissement de la Loi, la grande Force qui crée les mondes, les dirige et fait le progrès, — la force de Dieu, le courant impétueux, la marée puissante à laquelle rien ne peut être opposé. Ceux qui vont contre la Loi se meurtrissent, et, par la douleur, ils finissent par apprendre qu'elle ne peut être dominée, qu'il faut la suivre bon gré, malgré, et qu'il n'y a de bonheur qu'avec elle, parce qu'elle réalise l'évolution et le progrès, et développe les êtres, jusqu'à ce qu'elle les ait divinisés.

Et quel autre but pourrait-elle avoir ?

Dieu, par elle, nous ramène à lui, malgré nous ; c'est sa façon de parler et de convaincre. Et lorsqu'on a compris, quand on est sûr qu'il n'y a pas d'autre chemin que celui de la Loi, qu'il n'y a pas d'autre but que son but, on sait qu'il n'y a pas de bonheur hors d'elle. On accomplit alors le devoir sans se préoccuper de ses résultats et l'on arrive ainsi au détachement : *Fais ce que dois, advienne que pourra.*

*
* *

Telle est la haute indifférence, l'indifférence du sage, — mais il est bien difficile de l'acquérir : Mille obstacles s'y opposent, toute la nature inférieure se révolte contre elle, et d'autres qualités sont nécessaires pour que la victoire puisse être remportée.

La première, c'est le *contrôle du mental.*

Peu d'hommes se doutent de l'importance de la pensée. La pensée est une force, — une force puissante, qui rayonne à des distances considérables, une force contagieuse, d'autant plus contagieuse que sa réalité n'est pas soupçonnée par l'humanité.

La pensée fait l'atmosphère mentale des individus comme la passion fait leur atmosphère morale ; la collectivité de ces atmosphères individuelles forme l'atmosphère nationale ; de là viennent les préjugés de familles, de races et de castes. Cette collectivité de forces mentales vibre en nous et nous pousse avec elle. Si elle est une force de bien, nous devenons peu à peu, sans nous en douter, meilleurs ; si elle constitue une force de mal, — et c'est ainsi le plus souvent de nos jours, — nous devenons peu à peu mauvais.

Jugez, par là, de la responsabilité de la pensée. Nous croyons n'être responsables que de nos actions ou de nos paroles. C'est une grande erreur. La plus grande responsabilité, c'est cette responsabilité occulte, c'est-à-dire invisible, de la pensée ; car on peut se défendre contre une action, on peut combattre un malfaiteur ; on peut réfuter des paroles, mais il est impossible d'annihiler la force invisible de la pensée.

La pensée est, de plus, chez l'homme, la mère de l'action. Pensez à quelque chose de mauvais ou de bon, et vous serez bientôt poussé à le réaliser. Donnez votre pensée à une passion, et vous verrez combien de force elle prendra et combien il vous sera difficile de lui résister.

La pensée rend bon ou mauvais. « On devient ce à quoi l'on pense » a dit un grand sage de l'Inde.

Observez l'influence des conversations, des spectacles et des lectures ; elle produit en nous le bien ou le mal. Il est donc urgent de penser à ce qui est bon et de rejeter aussitôt toute pensée mauvaise ; c'est une règle à laquelle nous ne pouvons nous soustraire sans glisser peu à peu vers l'abîme ; et le candidat en probation est perdu s'il ne s'attache pas étroitement à elle : il doit penser continuellement au beau, au vrai et au bien ; il doit, comme le dit Mme A. Besant, penser à Dieu — à Dieu, synthèse de toute vertu, de tout pouvoir, de toute sagesse.

La pensée vivifie et éclaire tout ce qu'elle touche, et l'homme de science, le littérateur, l'artiste se servent également de son pouvoir créateur et révélateur : ils localisent leur mental sur le point qu'ils désirent développer et ce point devient comme un germe fécondé, — il se développe et grandit jusqu'à ce qu'il ait créé une branche nouvelle dans l'arbre des connaissances humaines.

Mais ceci ne peut être effectué que par une pensée puissante, une pensée contrôlée, capable de se fixer sur un point donné durant tout le temps nécessaire à l'obtention de cet effet vivifiant et révélateur.

Quels sont donc les moyens de maîtriser parfaitement la pensée ?

La volonté et l'exercice. Essayer, essayer encore, — pendant des mois, des années, quelquefois pendant des incarnations (1).

Dans la Bhagavad Gîtâ, poème hindou d'une extrême beauté, un héros, Arjuna, parlant de la difficulté de contrôler la pensée, s'adresse ainsi à son instructeur : « La pensée, Maître, est aussi difficile à courber que le vent ».

Telle est la difficulté, en effet ; pourtant l'exercice, la volonté, le persévérant effort conduisent au succès ; car, ne l'oublions pas, l'homme interne grandit, gagne chaque jour des forces par l'exercice et arrive tôt ou tard à diminuer tous les instruments qui doivent le servir dans l'évolution, — et le contrôle de la pensée vient de la maîtrise de l'instrument qui fait la pensée, — du corps mental.

∴

Le contrôle du corps mental atteint, il faut obtenir le contrôle du corps physique, c'est-à-dire *le contrôle des actions*.

(1) Lire *le Pouvoir de la Pensée* par Annie Besant dans la *Revue théosophique française* de mars 1902 et suivant.

Ce qui nous empêche de faire ce que nous voulons et de ne pas faire ce que nous ne voulons pas c'est, d'un côté, la force du mental, s'opposant à la volonté de l'Ego, et de l'autre, l'impulsion du corps ou de l'habitude.

Quand une passion se présente, il faut donc lui refuser la nourriture de la pensée ; il faut l'éloigner, l'isoler, l'oublier. D'autre part, il faut, par la volonté, résister aux habitudes, à l'automatisme du corps, — automatisme devenu d'autant plus fort que le corps est depuis plus longtemps l'instrument de l'accomplissement des passions. — Il faut, aussi, développer les vertus opposées aux vices que l'on veut détruire, et, de cette façon, se développe progressivement dans l'ego une force nouvelle, tandis qu'il se produit dans la passion un affaiblissement provenant d'une atrophie par non-usage.

C'est ainsi que, par la volonté, la maîtrise du mental et la culture des vertus, l'on peut contrôler entièrement les actions.

∴

Parmi les autres qualités que le candidat doit posséder, l'une des plus importantes et que tous nous devrions cultiver soigneusement, c'est *la tolérance*.

Sans tolérance, la vie de la communauté est impossible. Très sévères pour nous, sous peine de courir à des fautes sans nombre, nous devons être extrêmement tolérants pour les autres.

Quand nous nous trouvons en face d'un pécheur, nous devons nous rappeler que la vertu appartient à un stade d'évolution avancé, et que les erreurs tiennent à l'ignorance et à la faiblesse de l'enfance humaine. Quand, par l'expérience de vies nombreuses, l'âme est sortie de la période d'enfance, sa moralité s'est élevée, et les côtés impulsifs de sa nature ont disparu.

Rappelons-nous aussi que ce n'est pas avec des lois qu'on fait la vertu, ni avec des reproches qu'on diminue le vice. La punition obstine le pécheur et le rend haineux ; l'évolution peut seule redresser l'homme et nous pouvons l'aider puissamment dans son œuvre. Cherchons la raison d'une faute, d'une chute : quand nous aurons compris, il nous sera facile de pardonner, — bien plus, de donner notre sympathie et notre amour. Et l'on fait ainsi plus pour un homme que par tout autre moyen.

Dans tout criminel se trouve enfoui un rayon de divinité que nous pouvons déterrer ; le criminel est un enfant, quand il n'est pas un fou. De plus, les vertus se développent incessamment, de vie en vie, tandis que les fautes diminuent toujours et c'est ainsi que, dans la suite des siècles, les races sauvages se civilisent et s'humanisent. — Aidons ce processus de progrès; imitons Dieu dans sa patience sans bornes, et suivons la maxime chrétienne : Haïr le péché, aimer le pécheur.

***

Vient ensuite *l'endurance*.

Il ne suffit pas d'être tolérant pour les erreurs des autres, il faut être assez fort pour supporter le mal qu'ils peuvent nous faire.

L'injustice est impossible dans l'Univers. Quand nous souffrons, c'est que la force de la Loi presse sur nous, parce que nous avons heurté son courant. Toute souffrance est le résultat d'une erreur, qu'elle appartienne au présent ou au passé, à cette vie ou à une vie précédente, — à moins que nous ne préférions admettre que Dieu ne soit ni assez sage, ni assez bon, ni assez puissant pour empêcher l'injustice.

Or, si d'une part, nous ne souffrons que de ce que nous avons mérité, et si, d'autre part, la souffrance est le seul moyen de savoir qu'on a marché contre la Loi divine, c'est-à-dire qu'on a mal fait, pourquoi ne pas l'accepter ? Pourquoi ne pas être endurants, puisque sans cette leçon, nous ne développerions ni notre connaissance, ni notre force, ni même notre amour?

Quand la douleur nous vient, — ce qui est presque toujours le cas, — par l'intermédiaire d'un homme ou d'un être capable d'une certaine quantité d'intelligence et de volonté, soyons sûrs que Dieu a utilisé l'ignorance ou les mauvais instincts de cet être, humain ou non, pour nous donner la punition du mal que nous avons fait. J'emploie ce mot de punition à regret : Dieu ne punit jamais, il instruit; la souffrance est la grande éducatrice; une vie facile amollit et empêche le progrès, et ceux qui ont beaucoup souffert bénissent l'épreuve. Ne dit-on pas que Dieu châtie ceux qu'il aime? Cette parole chrétienne a un sens très profond.

Il n'y a donc pas de place pour la révolte qui, elle, ne fait qu'augmenter et perpétuer le trouble et la douleur dans le monde.

Le Bouddha l'a dit : « La haine n'est vaincue que par l'amour », et le Christ, cinq cents ans après, ajoutait : « Quand on frappe votre joue gauche, présentez la droite ».

Pour éteindre le mal dans le monde il n'y a pas d'autre moyen que le pardon et l'amour.

***

Une autre qualité, — *confiance*.

D'abord la confiance en Dieu. Je l'ai dit tout à l'heure, la raison et l'amour nous crient que Dieu qui est la Sagesse, la Puissance et l'Amour infinis, ne peut permettre la plus petite injustice dans l'économie de l'univers.

Ceux qui font partie de la grande hiérarchie qui, de l'homme parfait, monte jusqu'à lui, sont des instruments fidèles, remplissant les fonctions qu'il a décrété qu'ils pouvaient remplir, des collaborateurs infaillibles dans le département spécial qu'ils dirigent. Reposons-nous sur eux et sur Dieu qui surveille tout.

Développons aussi un autre élément de la confiance.

L'âme est un germe divin ; un germe qui devient toujours plus grand, toujours plus complet, toujours plus semblable à Dieu. Aucun effort n'est perdu, la conservation de l'énergie existe dans tous les mondes : la force et le temps font aboutir toute chose.

Ayons donc confiance en Dieu, confiance en la force irrésistible de l'évolution, confiance en nous-même. Ayons aussi la persévérance, et tôt, ou tard, tôt si nous le voulons, nous arriverons à la sagesse, à la force et à l'amour suprêmes.

*
* *

Quand ces qualités sont acquises à un certain degré, on obtient ce qu'on nomme le bonheur — ce qu'on devrait appeler la *paix*.

Nous savons que tout va vers le grand But, que la Divinité surveille tout, que la souffrance est une éducatrice indispensable. Tout est accepté avec joie ; on ne se préoccupe que de connaître et accomplir le devoir ; on attend tout du temps et de l'effort. Le calme, la paix ne quitte plus le candidat quoi qu'il survienne.

*
* *

Un état d'âme très important s'est développé au cours de ce long entraînement : *le désir de la délivrance.*

Non le désir de la délivrance des peines de la terre, mais de la délivrance des derniers obstacles opposés par l'ignorance; de la chute des dernières barrières qui empêchent la marche ; le désir de la destruction de la faiblesse et de la tiédeur qui empêchent d'aimer et d'aider les êtres, nos camarades d'évolution.

Voilà ce qu'entend, par désir de la délivrance, le disciple en probation.

Alors est acquis en partie cet équilibre dont je vous parlais au début : l'intelligence est pénétrante et subtile, elle peut voir à travers tous les voiles.

L'amour donne la tolérance et le dévouement ; la sagesse fait la foi, la confiance ; la force réalise l'endurance et le sacrifice.

Par la sagesse l'homme peut se conduire.

Par l'amour il est toujours bienfaisant.

Par la force il devient puissant.

Il est alors prêt à faire un nouveau pas ; il peut entrer sur le sentier supérieur de l'évolution, le sentier de sainteté, la voie étroite, la voie douloureuse, comme on l'a appelée. Il est prêt pour l'Initiation.

Le Sentier du Disciple

Par le mot « initiation » je n'entends point parler de ces parodies dans lesquelles certaines sociétés plus ou moins occultes profanent un grand fait ; je veux parler de la véritable initiation, celle qui constitue une étape particulière de l'évolution humaine. Et ici j'ai besoin, pour bien indiquer ce qu'elle est, de faire une digression.

L'homme, — la conscience intelligente, le « moi », — naît d'abord dans le corps des sensations, — « dans l'étable aux animaux », dit le symbole chrétien. En effet, c'est au milieu des sensations qui le frappent, que le « moi » s'éveille. Il s'éveille à la mentalité. Cette mentalité grandit peu à peu ; elle montre d'abord à l'individu qu'il est séparé des autres êtres ; plus tard, cette mentalité devenant synthétique, l'homme apprend qu'il ne peut être qu'une portion du grand Tout et ne peut être séparé d'aucun des autres êtres.

Quand il a pleinement compris cette vérité par l'intelligence, le moment arrive où il peut la comprendre par le cœur — la sentir. L'heure de la première des grandes initiations a sonné. L'homme s'éveille à un nouvel état de conscience ; le grand Mystère de la vie se manifeste, et ce mystère que l'intelligence peut comprendre plus ou moins, rien au monde ne peut le faire sentir, si ce n'est l'initiation.

C'est l'éveil à la Vie divine ; c'est la nouvelle naissance dont parle le Christ, quand il répond à Nicodème qui l'interroge à ce sujet : «...Comment, tu es docteur de la loi et tu ignores cela ! » C'est la seconde naissance des Hindous.

L'homme est devenu conscient de la Vie divine qui est en tout, et dont la grande caractéristique est l'amour ; il sent cette Vie en lui comme dans les autres ; il sent que son âme est un rayon du Soleil divin qui anime toutes les formes.

Nul ne peut éveiller le disciple à la vie divine, si ce n'est un grand

Être, un surhumain qui a parcouru déjà le sentier de sainteté et qui s'est pleinement uni à Dieu.

Le corps spirituel du candidat — le corps capable de donner la sensation de la vie divine, — est construit, il peut être éveillé à la vie consciente et devenir le « petit enfant » dont parle le symbolisme chrétien, le petit « innocent » de tous les symbolismes mystiques : je vous ferai de lui une histoire plus précise dans ma dernière conférence, aujourd'hui je ne mentionnerai que les premiers pas de son enfance.

L'homme qui va être éveillé dans son corps spirituel a compris déjà qu'il n'est pas son corps physique, ni son corps des sensations ; il sait aussi qu'il n'est pas son corps mental, qu'il peut diriger à volonté ce mental, qu'il en est le maître. Il va savoir qu'il y a un autre corps pouvant manifester la vie divine qui réchauffe le cœur de tous les êtres ; il sait que ces êtres, eux aussi, seront éveillés plus tard à cette même vie et se sentiront les rayons du grand Soleil spirituel, les fragments de la Vie universelle.

Celui qui l'a guidé le long du sentier de probation se présente alors et l'éveille à la vie divine. Un éclair l'illumine ; l'univers n'est plus le même pour lui ; une paix sans nom l'envahit......

Mais l'éblouissante lumière a disparu, une petite flamme demeure — la lampe divine qui brûle dans le cœur du disciple, — et cette lumière le conduira désormais rapidement vers le But.

Il est sauvé.

Le salut, c'est l'éveil de la conscience du corps spirituel.

Ce corps commence à fonctionner, l'homme a franchi la sphère d'attraction de la matière, et est entré dans celle de l'esprit. Il fait désormais partie du foyer spirituel, il est entré dans « le courant qui mène au Nirvana », disent les Hindous.

Dès lors, le *doute* disparaît.

L'Initié sait qu'une Vie unique circule dans l'univers et dirige l'évolution, et par une longue série de renaissances, fait monter les âmes le long des degrés de l'échelle qui va jusqu'à Dieu. Il sait que tous monteront jusqu'en haut, que tous seront sauvés un jour. De cela il ne peut plus douter ; il le voit, il le sait.

Il n'a plus de *superstition*. Il avait pu croire autrefois à l'efficacité de certaines cérémonies en tant que cérémonies, à l'efficacité plus ou moins grande de certaines religions en tant que religions. Il sait maintenant que religions et cérémonies ne sont que les véhicules d'une force unique en action dans le monde, la force divine ; que si le cœur invoque, cette force le soulève au ciel, tandis que si les lèvres balbutient la lettre d'une cérémonie ou d'une religion, l'homme reste cloué au sol.

Voilà comment on cesse d'être superstitieux.

On ne désire alors qu'une chose : suivre le maître, l'initiateur, celui qui a fait naître à la vie divine, le « gourou » comme l'appellent les Hindous, — ce gourou qui a assisté le disciple le long du sentier de probation, toujours caché, mais sans cesse présent ; et que le disciple reconnaît dans la vision du passé comme un glorieux surhumain resplendissant d'amour, de force et de sagesse.

Tel est le vœu d'obéissance.

Ce que le disciple veut désormais, c'est sentir pleinement la vie divine, aider tous les êtres, partout et toujours ; peu lui importe de servir ici ou là, au loin ou près, dans un désert ou dans une cité. Il sait que partout il peut secourir ; il est prêt à aller là où son maître l'enverra. Aussi dit-on, dans l'Inde, qu'il est devenu l' « errant ».

Il acquiert de plus en plus la certitude de l'Unité universelle, il voit l'univers comme un arbre, dont Dieu est la racine ; le Logos, le tronc ; les branches, la Hiérarchie qui descend de Dieu, et les feuilles, les hommes. Dans cet arbre, la sève est commune au tronc comme aux feuilles ; elle devient maladive ou vivifiante selon ce que les feuilles déversent en elle. La solidarité est parfaite dans l'humanité ; nous nous aidons à marcher ou à tomber.

Croire que l'on peut se séparer de la collectivité sans mourir, s'imaginer que l'on peut garder pour soi la sève que l'on reçoit, c'est tomber dans la grande, la fatale erreur de la « séparativité », le péché contre le Saint-Esprit ; refuser de déverser dans la vie commune la sève reçue en contractant le canal qui nous l'amène, c'est s'isoler du courant de la vie générale ; la feuille qui n'est plus en communication avec le rameau se dessèche et tombe, car le « péché contre le Saint-Esprit » est impardonnable.

Le disciple apprend définitivement que cette solidarité est inexorable ; il sait que toute qualité acquise entre dans la sève commune, comme une force nouvelle qui se distribue dans le corps social et que chaque membre de la collectivité en devient plus fort, plus sage et meilleur. Il désire devenir parfait pour jeter la force de la perfection dans la vie de tous. Et que pourrait-il garder, alors qu'il sait que son âme, — l'essence divine, — est l'âme de tous les êtres ?

Tel est le vrai vœu de *pauvreté*, vœu dont les racines sont si profondes que nul ne peut le pratiquer, si ce n'est l'initié.

En même temps la grande Loi se révèle en lui.

Dans la nature inférieure, il a vu régner le terrible « struggle for life », mais dans le monde supérieur s'est révélée la loi de l'homme divinisé ; la loi du plus fort a fait place à la loi du meilleur, à la loi du Sacrifice.

*
* *

Quand l'initié est monté jusque-là, il est prêt pour un nouveau pas en avant, pour une nouvelle initiation. Le « gourou », le guide, se présente de nouveau et une autre cérémonie plus grandiose encore que la première a lieu ; un nouvel aspect de la vie lui est montré, un aspect plus complet, plus glorieux. On lui avait appris à sentir l'unité, mais il n'en rêvait pas toute la profondeur ; on lui permet de plonger plus profondément dans les eaux divines : c'est, en langage mystique chrétien, la « bénédiction » du Père. L'initié possède déjà force et pouvoirs jusqu'à un certain point, mais il doit les développer alors tout à fait et devenir capable d'action sur tous les mondes.

C'est le moment où ces pouvoirs doivent être désirés : plus tôt, ils auraient pu servir au mal ; maintenant, on lui ordonne de les cultiver. Alors, dit le symbolisme oriental, il se « bâtit une hutte », il s'isole. Autrefois, du moins, l'initié s'isolait ; aujourd'hui la méthode est modifiée dans bien des cas. Mais passons.

Quand il a développé les pouvoirs, on le tente — rappelez-vous la tentation du Christ — on le tente par l'orgueil, par le désir d'employer les pouvoirs pour soi. Mais pourrait-on les employer pour soi lorsqu'on sait qu'on est les autres?

L'épreuve passée, on l'envoie dans le monde pour mieux aider.

Mais ceci n'est point le dernier stade. Une troisième initiation lui est donnée plus tard, puis une quatrième, et enfin la libération est obtenue.

Ces points feront l'objet d'une étude un peu plus complète dans la prochaine conférence.

Tel est le sentier du disciple : il nous est interdit par sa hauteur même. Mais les premiers stades du sentier de probation sont faits pour nous tous, je puis le dire, et nous pouvons lui demander bien des choses, — les vertus surtout, ces vertus si belles, dont l'humanité manque tant et qui feraient du corps social, si elles existaient, une communauté parfaite de frères.

Les preuves.

Je vous ai dit que le côté pratique de l'enseignement de la Sagesse antique nous donnait deux choses importantes : une ligne de conduite, — et vous venez de voir combien splendide elle est, — et, de plus, la preuve personnelle, incontestable de la réalité des enseignements théosophiques.

Pour l'initié, en effet, toutes ces preuves existent, et, vous l'avez vu, sont des plus complètes. Bien des hommes désirent les obtenir immédiatement ; c'est qu'ils ne se rendent pas un compte exact des conditions de leur acquisition.

On ne sait, ou ne comprend que ce que l'on peut sentir ; s'en rapporter à la parole des autres n'est pas la certitude, c'est la foi, une foi plus ou moins aveugle.

Il faut donc sentir soi-même. Mais, on ne le peut que si l'on possède un sens pouvant vibrer à l'unisson de la chose à connaître. Un aveugle, par exemple, se trouve au milieu de toutes les vibrations lumineuses de l'univers et pourtant il n'en est pas conscient, elles n'existent pas pour lui ; et s'il est aveugle de naissance, il ne saurait avoir aucune conception de la lumière, — il sera obligé de s'en rapporter au témoignage des autres pour croire à son existence. Il en est de même pour un sourd ; toutes les vibrations sonores du monde sont autour de lui, il n'en sait rien ; le sens qui permet de vibrer à l'unisson de ces vibrations n'existent pas en lui.

Les sens ne sont d'ailleurs ni complètement développés, ni également développés chez les hommes. Faites passer un rayon lumineux à travers un prisme, produisez un spectre solaire, amplifiez-le de façon à pouvoir l'observer plus aisément. Prenez ensuite plusieurs individus au hasard, et priez-les de marquer le point, pour chacun d'eux, où commence le violet et finit le rouge ; vous vous apercevrez que les points indiqués diffèrent parfois notablement, ce qui prouve que nous n'avons pas tous le même développement sensoriel. Et nous pouvons ajouter que si l'échelle des sens physiques est inégale chez les hommes, celle des sens internes est bien plus inégale encore : car comme intelligence, comme amour, comme volonté, nous différons considérablement.

De là vous concluerez que, avec des sens si limités, ce que nous pouvons savoir par nous-mêmes de la vie intime des choses et des êtres, de l'univers, est bien peu important.

Mais, me direz-vous, nous voudrions des preuves de ces enseignements que la Théosophie nous présente et qui nous paraissent expliquer le monde mieux que toutes les autres théories connues, mieux que tous les autres systèmes. Que faire pour les obtenir ? Je répondrai : Il n'y a qu'une voie sûre : celle que je vous ai montrée.

Mais, direz-vous encore, n'a-t-on pas prétendu qu'il y a des moyens de développer les pouvoirs d'une façon rapide ?

Jusqu'à un certain point, — un point bien rapproché, — c'est possible ; on peut hâter l'évolution des sens extérieurs, la vue, l'ouïe, mais jamais on ne pourra développer très rapidement l'homme vrai ; cet homme grandit peu à peu, et ses pouvoirs, — ceux de l'unité, de la haute intuition, — qui seuls donnent les preuves les plus élevées, les plus nécessaires, ne grandissent que lentement avec lui.

Pouvez-vous faire qu'un embryon devienne brusquement un homme mûr ; est-il possible de supprimer les degrés de développement par lesquels son corps doit passer ?

On peut admettre qu'il existe certains moyens de développer les sens hyperphysiques et physiques : mais ce qu'on ne dit pas généralement, c'est que l'entraînement à suivre est extrêmement dangereux pour l'homme actuel ; il offre un danger physique et un danger moral.

Pour développer le sens de la vision par exemple, il faut produire dans les éléments cérébraux une hypervibration très fatigante parce qu'elle n'est pas normale au moment actuel de l'évolution de l'homme. La cellule nerveuse ne peut donner, actuellement, qu'un certain nombre de vibrations à la seconde ; si on la surmène on produit une congestion provoquant des désordres plus ou moins graves, et si l'on ne s'arrête pas à temps, on arrive à l'inflammation et celle-ci conduit à la folie ou la mort. Tel est le fait : je vous l'affirme, j'en ai eu les preuves.

Mais il existe un autre danger ; la possession de cet embryon de pouvoir, cette vision, si faible qu'elle soit, est une charge beaucoup trop lourde pour nos faibles épaules. Un homme qui possède la vue de la nature hyperphysique, — la vue de l'autre monde, — obtient assez fréquemment le pouvoir de prévoir des événements qui vont se produire dans un certain laps de temps ; eh bien, si ces événements sont des désastres et s'ils le touchent personnellement ou s'ils touchent des êtres qui lui sont chers, croyez-vous qu'il sera assez fort, assez impassible pour en supporter le poids? Pensez-vous que, après tant d'autres, il ne suppliera point la Providence de lui fermer la porte qu'il a ouverte prématurément ? La nature nous ferme la connaissance du passé, de l'avenir et de bien d'autres secrets, parce que nous ne pouvons encore en porter le poids.

Il y a bien d'autres dangers encore.

Entre les mains d'un homme qui n'a pas acquis la moralité voulue, les pouvoirs ne peuvent guère être utilisés que pour soi ou, ce qui est le plus triste, contre les autres, contre ceux qui le gêneront.

Fuyez donc ces pouvoirs ; et ceux qui vous les conseillent, considérez-les comme des ignorants ou des malfaiteurs.

***

Mais, ajouterez-vous peut-être, donnez-nous, du moins, quelques preuves montrant que nous sommes sur la route, que nous marchons vers le but.

Nous avons en nous et autour de nous toutes les preuves nécessaires, toutes les preuves utiles. Dieu n'a pas attendu que l'homme les demandât pour les lui donner. Avec chaque pas en avant, des preuves nouvelles se présentent, parce qu'à chaque corde qui s'éveille dans la lyre de l'âme, l'harmonie que cette corde peut manifester se fait aussitôt entendre comme écho de l'harmonie qui résonne dans l'Univers. Quand l'intelligence, le cœur et l'amour ont suffisamment grandi, l'on ne peut douter des choses que l'on a le plus d'intérêt à connaître : on sait que l'amour divin conduit le monde et que le but sera atteint par tous. La nature en est une preuve immense et constante, mais les aveugles du cœur ne peuvent pas la voir ; il se trouve même des hommes d'une grande intelligence qui, faute de ces qualités de fond, qui manifestent l'intuition, trouvent que cet univers, — admirable expression de l'intelligence, de l'amour et de la puissance, — ne peut être qu'un résultat du hasard, ou de la matière aveugle, inconsciente et inintelligente du chaos ! Rien ne peut faire voir un aveugle ; aucune preuve ne peut exister pour l'homme qui n'a pas atteint le degré d'évolution nécessaire pour comprendre, et vouloir donner à cet homme d'autres preuves que celles qu'il peut comprendre, vouloir mieux faire que Dieu, c'est s'exposer à un échec certain, et souvent au mal.

Voyez ces commissions de savants de grande intelligence et de grande sincérité, qui, après leurs expériences sur certains phénomènes produits par les médiums, ont signé les procès-verbaux de faits constatés, et qui, quelque temps après, de très bonne foi aussi, se sont dit qu'ils avaient pu être victimes d'une hallucination, et ont douté et doutent de plus en plus. Ces faits n'ont plus aucune valeur pour eux, et leurs propres signatures sur les procès-verbaux ne peuvent les convaincre !

D'autres, parmi eux, ont crié à la supercherie et très sincèrement aussi, — même quand toute supercherie était impossible.

Sur les masses, ces phénomènes étranges réveillent la pire des superstitions ; la croyance à l'intervention du démon.

Enfin, pour une quatrième catégorie d'hommes, la preuve des pouvoirs anormaux donne simplement le désir de les posséder, c'est-à-dire aboutit à l'égoïsme, — et les pouvoirs divins ne doivent être employés que pour l'aide de l'humanité !

Ne vous étonnez donc pas que les sages défendent à leurs disciples de prouver quoi que ce soit par des phénomènes ; ils savent que la preuve est dans le cœur et non dans les yeux, ils savent, aussi que cette preuve viendra quand l'homme le méritera, — quand il aura grandi, quand il marchera sur le sentier de la sainteté.

Suivons donc patiemment la nature. Aidons autour de nous, poussons à la roue de l'évolution et du progrès, et sans nous préoccuper de pouvoirs qui ne peuvent amener actuellement que désastres et malheurs, et quand on vous dira qu'il existe des écoles prétendues initiatiques disposées à vous donner des pouvoirs que Dieu et les sages ne donnent qu'aux hommes divinisés, ne le croyez pas. On ne peut vous donner que des secrets pleins de dangers. C'est ainsi que nous pourrions apprendre à un enfant, la mise en train d'une automobile en lui montrant la roue à tourner ou le levier à pousser pour mettre l'appareil en marche ; mais ce que nous ne pourrions apprendre à cet enfant, c'est le maniement de l'automobile, ce que nous ne pourrions lui donner, c'est le jugement, et l'enfant courrait à la perdition des autres et à la sienne.

On pourra, dans certains cas, vous apprendre des secrets qui vous permettront, si votre constitution s'y prête, d'obtenir des phénomènes d'évocation ou d'autres phénomènes tout aussi dangereux, mais ces secrets vous conduiront à la sorcellerie, à la possession ou à la folie, s'ils ne vous conduisent pas à la mort.

Et ne croyez pas que j'exagère ; ne croyez pas que je combatte ici qui que ce soit ; j'aime tous ceux qui cherchent la vérité, quelle que soit leur route ; mais je dois être sincère et mon devoir strict est de vous montrer le danger.

Si quelqu'un vous demande d'acquérir l'intelligence avant la vertu, s'il vous promet les pouvoirs avant la perfection, soyez sûrs qu'il vous trompe ou qu'il est profondément ignorant.

LA THÉOSOPHIE MYSTIQUE

LA LOI DU SACRIFICE

Dans les précédentes conférences, je me suis appliqué à vous montrer la Théosophie à travers les siècles. En effet, c'est de la Sagesse antique, qu'il s'est agi dans la première, lorsque j'ai parlé des grands Instructeurs ; c'est d'elle aussi que je parlais dans la deuxième, quand je la montrais donnant leurs religions aux races historiques ; c'est elle encore que j'ai présentée, sous sa forme moderne et plus spécialement sous son aspect intellectuel, dans la troisième, et sous son aspect moral, dans la quatrième.

Il nous reste un dernier aspect à traiter, et c'est, à certains points de vue, le plus important peut-être, — c'est en tous cas le plus beau, — le côté mystique. Lui aussi a existé sans cesse à travers les siècles, en formant le cœur des religions, et c'est pourquoi il a été sans cesse enseigné dans le secret, parmi le petit nombre des « élus », dans ce que l'on appelait jadis les Mystères ; pour la foule on le revêtait du voile du symbole.

La partie la plus importante des Mystères avait trait à la création de l'Univers et des êtres par le Sacrifice divin. C'est ce point que je vais traiter aujourd'hui et, pour le proportionner au temps dont nous pouvons disposer, j'en limiterai le symbole à ses formes égyptienne, grecque et chrétienne. Ce sont les mieux connues et celles que l'esprit moderne peut le mieux comprendre.

Je placerai d'un côté les faits, de l'autre leur explication symbolique.

Bien des choses que je vais dire ont été déjà partiellement traitées dans la troisième conférence. Je n'y reviendrai que d'une façon sommaire.

∴

Quel est le but de la création d'un Univers?

C'est la multiplication divine ; autrement dit, la création d'un très grand nombre d'êtres qui débutent par l'état germinal et se développent, ensuite, peu à peu au cours de l'évolution pour devenir finalement des dieux.

Pour que des êtres, c'est-à-dire des choses limitées, — permettez-moi le mot choses, — naissent, apparaissent dans l'Infini, il faut que, d'une façon ou d'une autre, cet Infini se limite.

Dans la troisième de nos conférences, j'ai dit quelques mots, sur le côté métaphysique de ce mystère de la limitation. Dieu se limite et forme d'abord un Etre unique, un Etre immense : ce que les religions ont appelé Brahma, Osiris, le Logos, le Verbe. Ce Logos-ce Fils de Dieu est un être, et s'il n'est pas blasphématoire pour un être humain de parler d'une si glorieuse et si divine Perfection, nous dirons que, comme tout être, il se présente à notre intelligence enfantine sour une triple forme et une triple unité : la Trinité.

En effet, tout être, tel que nous pouvons le comprendre, nous apparaît comme l'union d'un corps, d'une âme et d'un esprit ; autrement dit, comme étant constitué d'une triple matière permettant la manifestation de trois qualités.

Ces qualités, nous les nommons intelligence, amour et force (volonté). Nul être ne peut « exister » (1) que par un corps, ce corps ne peut durer que si la force de cohésion tient ses molécules agrégées, et nul individu n'est créé si ce corps ne possède un centre de conscience, « moi ».

Le Logos, le Grand Etre, l'Etre Unique de qui naissent tous les autres, pos[illegible] de tout cela.

La conscience, le centre, la faculté fondamentale de l'être, nous l'appelons, dans la terminologie chrétienne, le Père ; le deuxième aspect que nous pouvons caractériser par ce qui fait la force d'attraction dans la Nature, par l'amour, nous l'appelons le Fils ; le troisième, ce qui représente la force qui sépare, c'est le Saint-Esprit, c'est-à-dire l'intelligence, — mieux vaudrait dire la Sagesse.

Les Hindous ont appelé le premier Shivâ, le Destructeur et Régénérateur — nous verrons la raison de ces titres ; le deuxième Vishnou, le Préservateur et Conservateur des formes ; le troisième, Brahmâ, le Créateur.

Le Logos est créé par le plus grand des sacrifices, le sacrifice de l'Absolu, de l'Infini, sacrifice que nous ne pouvons comprendre que comme un acte de suprême amour. A son tour, le Logos, pour créer des êtres en lui, fait un autre Sacrifice, image du premier. Pour manifester des êtres il leur donne les éléments de sa divine Trinité : un corps, une âme, un esprit, autrement dit la matière pour former l'enveloppe de l'être, la vie qui soutiendra cette ma-

(1) C'est-à-dire être manifesté par un corps.

tière et le centre de conscience qui lui donnera un « moi ». L'être est ainsi complet.

Le Logos accomplit cette création par l'intermédiaire des trois forces qui le constituent : l'intelligence, l'amour, et ce que nous appellerons la capacité de se sentir un « moi », la capacité d'*être*.

Voyons comment il forme les corps.

En leur donnant sa matière propre. Cette matière n'est pas différenciée ; elle n'est que manifestée sous son aspect le plus homogène, mais elle possède, comme toute chose manifestée, trois aspects, trois qualités, ou mieux trois potentialités. Il doit la limiter et la manifester davantage, en faire les atomes primordiaux, pour que, de la combinaison de ces atomes, la multitude des corps qui composent un Univers puissent être produits.

Un atome est un instrument vibratoire formé d'un ou plusieurs états de matière variables selon la qualité et le type atomique. Quand la vie divine passe à travers lui, des vibrations sont produites et sont représentées par ce que l'on appelle, en langage ordinaire, des qualités ou propriétés. Quand un grand nombre d'atomes sont agrégés pour former un corps, de l'ensemble de leurs vibrations résulte une quantité considérable de qualités dont l'être représenté par cet agrégat peut avoir plus ou moins conscience selon qu'il est arrivé à un stade d'évolution plus ou moins avancé.

Le rôle des atomes consiste donc à transmettre à l'être qui existe potentiellement d'abord, une somme de vibrations ou qualités qui, une fois bien reconnues, deviennent la propriété du « moi » en évolution, et lui donnent finalement la connaissance et le pouvoir. Quand ces atomes ont fait écho, au cours de l'évolution, à toutes les vibrations de l'univers, le centre de conscience, l'homme, est achevé et dès lors peut y répondre volontairement par le corps, de dedans en dehors, pour ainsi dire. Ce corps a développé alors les sens de réception et ceux d'action ; l'homme reçoit et transmet.

Le développement de ces sens est lent, mais il s'opère incessamment et finalement toutes les vibrations de l'univers peuvent être enregistrées dans l'homme parce qu'il a développé dans son corps toutes les cordes correspondantes à la lyre de l'univers.

Les atomes sont de deux ordres : les atomes primitifs, au nombre de sept, et les atomes secondaires ; par leurs combinaisons différentes, ils arrivent à former tous les corps possibles de l'univers. Comme le montre la chimie, dans l'isomérie, un même nombre d'atomes, de mêmes espèces, combinés différemment, produisent ici un aliment, et là un poison : selon la nature de leur combinaison.

*
* *

Telle est, en quelques mots, ce que j'entends par la création de la matière. Elle était symbolisée dans les Religions et dans les Mystères d'une façon très ingénieuse. C'était partout le Logos se *mutilant*.

Dans le christianisme, c'est L'Agneau sacrifié avant le commencement du monde, c'est-à-dire au moment où l'univers va être créé. Chez les Hindous, c'est le Cheval; c'est Osiris chez les Egyptiens, ou encore le bœuf Apis. Partout l'idée de sacrifice fait une base au début de l'univers.

Quel est l'agent qui mutile la Divinité?

En Egypte, c'était Typhon, le serpent infernal; dans les Mystères de Bacchus, c'était le Titan; ailleurs, c'est ce que l'on appelait l'Adversaire. Qu'est-ce, en effet, qui peut séparer la matière, sinon la force de répulsion, la force de la séparativité, ce sur quoi s'appuie l'attraction?

Pourquoi l'appeler le Serpent infernal? parce que cette force est mère de la séparativité et que la séparativité crée le mal. Nous luttons les uns contre les autres parce que nous nous croyons séparés; l'égoïsme est tout entier le fruit de la séparativité: c'est pourquoi la force qui représente cette dernière en cet univers, a été symbolisée par l'agent du mal, par le serpent, le démon, l'adversaire.

On dit aussi, dans le symbole antique, que Bacchus, comme Osiris, comme tous les dieux mutilés, voient leur corps se reconstituer plus tard. C'est lorsque la matière, après avoir été séparée pour former les corps des êtres divers, se reconstitue dans son état primordial; lorsque les êtres après avoir évolué dans ces corps devenus inutiles se sont unis au Logos leur centre; alors ce qui paraissait la multitude est devenu l'unité: le corps primitif du Logos est reconstitué.

Il est un autre aspect du même mythe: celui qui symbolise les atomes.

Pour créer des corps, il fallait des éléments, — des atomes; il en existe sept fondamentaux avons-nous dit; on les reconnait dans les « dés » de Bacchus.

Ces dés sont connus surtout comme les 5 polyèdres réguliers, mais, en réalité, ils sont aussi représentés par la sphère et le point, ce qui fait le total de 7: la sphère et le point, — les deux extrêmes, — puis les polyèdres réguliers, — icosaèdre, dodécaèdre, octaèdre, cube et tétraèdre.

Le point et la sphère symbolisent l'Infini: le point c'est l'abstrait, l'infini en petitesse ; la sphère est susceptible de devenir l'infiniment grand. Quand la sphère se contracte à l'infini, elle réalise le point ; lorsqu'elle s'épanouit à l'infini, elle réalise l'Etre sans bornes.

La sphère symbolise aussi le premier des atomes primordiaux ; le point représente le dernier de la série ; la sphère symbolise le plus subtil, le plus riche en vibration, car la force peut s'échapper par tous les points de sa surface.

Dans le symbole du deuxième de ces atomes, — dans l'icosaèdre, — la force ne peut plus s'échapper par tous les points ; elle ne peut le faire que par les points de tangence des faces avec la sphère circonscrite, c'est donc une première limitation.

Dans le troisième symbole atomique, la force est encore plus limitée ; elle ne peut s'échapper que par les points de tangence des faces d'un dodécaèdre régulier circonscrit.

Dans les symboles suivants, la force est de plus en plus prisonnière ; elle ne peut s'échapper que par les points de tangence des faces de l'octaèdre, du cube et du tétraèdre circonscrits.

Enfin, la limitation se complète, la création atomique atteint son point limite, la force ne peut plus s'échapper que par un point ; on est arrivé à l'atome physique, celui qui a pour symbole le point.

Tels sont les représentants des atomes primordiaux, c'est-à-dire des sept types qui créent les états de matière qui composent l'univers : ils montrent que l'on peut accorder à l'antiquité plus de science et de sagesse qu'elle ne paraît en avoir avant qu'on ne l'ait étudiée.

Il est encore un côté à éclairer. Bacchus joue avec ses dés.

Jouer aux dés c'est produire des combinaisons.

Les jeux du dieu avec les atomes qui constituent les sept combinaisons fondamentales de la matière, réalisent, par leurs infinies combinaisons secondaires, tous les corps et toutes leurs propriétés.

Voilà le premier stade de la manifestation de l'univers par le Logos : la création de la matière.

Ce qui crée, remarquez-le, c'est l'Intelligence ; elle représente le pouvoir de séparativité, le pouvoir de la pensée ; c'est pourquoi dans toutes les religions, le Créateur est toujours la troisième personne de la Trinité : Brahmâ, le Saint-Esprit, l'élément intellectuel de Dieu.

∴

Pour former un être, il ne faut pas seulement des atomes, des matériaux ; il faut une forme, c'est-à-dire la combinaison de ces éléments. Pour créer la forme il est besoin de deux choses : Construire le type, — faire le plan, — et agréger les matériaux qui le composeront.

Quand un architecte veut bâtir une maison il commence par en préparer le plan, en créant dans son mental tout ce qui doit exister dans l'édifice, puis il le réalise par la cimentation des matériaux.

Le Logos, après avoir créé les éléments, crée les types des formes que ces éléments doivent représenter : on les nomme les archétypes. Et ici, une force nouvelle doit intervenir ; ce n'est plus la force de répulsion, c'est celle d'attraction ; ce n'est plus la force de la séparativité, la force centrifuge, c'est la force centripète, la force d'amour qui attire et unit.

Cette énergie est dans la Trinité, — dans le deuxième de ses aspects, dans Vishnou, disent les hindous, dans le Fils, proclame l'occident chrétien : l'amour seul peut agréger les atomes créés par l'Intelligence et en faire un tout, c'est-à-dire créer une forme, la forme de l'être.

Les formes constituent une série immense dans l'Univers, et comme tout, en ce monde, elles passent par l'état embryonnaire avant d'atteindre à la pleine manifestation. Les premières formes sont extrêmement simples et très éphémères ; les dernières que nous connaissions sont d'une effrayante complexité, et d'une durée considérable.

C'est la série de ces formes qui va être construite par Dieu le Fils, et vous en verrez le symbole tout à l'heure.

L'amour divin prend ces atomes, les agrège, les combine, et en fait des formes selon le plan des archétypes. Quand l'une de celles-ci ne peut plus servir à la vie, quand toutes les expériences dont elle devait être le moyen d'expression sont faites, quand tout ce qu'elle devait apprendre à son possesseur est appris, elle est détruite pour faire place à une autre plus complète, — et c'est ici qu'intervient le Régénérateur des hindous, Shiva appelé, à cause de ces fonctions, le Destructeur. Mais cette appellation ne doit pas évoquer l'idée d'un être sanguinaire et féroce ; non ! les formes sont détruites pour que l'âme puisse en revêtir d'autres plus complexes, meilleures, par conséquent, pour son développement. Quand la leçon d'un livre est apprise, on donne à l'élève un livre plus complet ; quand une forme ne peut donner à l'âme aucune instruction nouvelle, elle est détruite, et remplacée par une autre meilleure.

Le Logos continue donc son œuvre de formation ; sa vie descend, pour ainsi dire, dans les plans successifs de l'univers, des plus subtils états de matière aux plus grossiers ; à mesure qu'elle s'incarne et que les formes à construire et à animer sont composées de matériaux plus denses, nécessitant une plus grande dépense de force, les mouvements extérieurs de ces formes disparaissent progressivement : la vie paraît s'éteindre à mesure qu'elle descend dans une matière plus lourde ; finalement, arrivée au terme de sa carrière, dans le monde atomique le plus concret, celui de la matière physique, les formes cessent de se mouvoir et nous appelons leur règne celui de la matière inorganique, voulant exprimer que nous considérons cette matière comme sans vie, — comme si quelque chose au monde pouvait être autre qu'un aspect de la Vie universelle, de la vie de Dieu.

La vie du Fils semble se mourir dans l'univers à mesure qu'elle descend, mais un point est atteint où elle ressuscite.

Quand les formes paraissent immobiles, un travail latent n'en continue pas moins à se faire en elles ; après les minéraux, nous voyons apparaître des corps nouveaux, moins résistants, les végétaux, puis des formes manifestant encore mieux leur vie cachée, les animaux ; vient ensuite le corps humain et, sans aucun doute, en grandissant nos facultés nous révéleront une substilisation croissante des corps des êtres qui représentent la tête de la série qui va de l'homme à Dieu.

C'est la résurrection de la vie ; éveil qui ne se manifeste pas seulement par des qualités extérieures des corps physiques, mais aussi par des qualités plus profondes. Dans le minéral, nous ne voyons guère la vie que sous la forme d'affinité chimique. Dans les végétaux, elle se présente sous une forme plus active ; certains ont des mouvements, — la sensitive, par exemple, et bien d'autres. Chez les animaux, la vie manifeste la sensation et un commencement de mentalité. Puis vient l'homme, avec son intelligence puissante et les germes de la pitié et du dévouement ; et enfin apparaissent les surhumains avec l'immensité de leur amour et leur vie de sacrifice.

Telle est l'échelle de la forme ; et de la forme dépendent les qualités. Je vous disais précédemment que de la forme du conducteur électrique dépend la nature des manifestations de l'électricité : ce sera ici de la lumière, là de l'action chimique, ailleurs du mouvement. L'électricité, pourtant, n'a pas changé en soi, mais elle a été polarisée de façons différentes par la nature diverse de ses conducteurs.

La Vie divine est une ; les formes sont multiples ; elles représentent des tuyaux vibratoires divers, dont le souffle universel manifeste les pouvoirs et les qualités. Ces qualités sont très vagues dans les débuts de la descente du Fils de Dieu dans l'univers ; c'est presque de l'inconscience. Dans le minéral, cette inconscience commence à disparaître : j'ai parlé des affinités chimiques qui montrent de l'amour ou de la répulsion chez les éléments ; dans le végétal, les qualités se manifestent mieux parce que le corps devient plus complexe ; chez l'animal, un corps plus subtil, — le corps des sensations, — permet la vie sensible ; dans l'homme, enfin, elles atteignent un point tout particulièrement intéressant.

Lorsque l'homme naît, un corps invisible nouveau, plus élevé, a été créé, un corps fait de matière dite mentale, — de matière qui a la propriété de manifester la pensée.

L'animal, lui aussi, direz-vous, manifeste la pensée ; c'est vrai, mais sa pensée n'a point l'ampleur de celle de l'homme ; son corps mental est rudimentaire ; il ne possède que la mentalité concrète, un pouvoir assez limité de comprendre, de raisonner, de comparer, de se souvenir ; l'homme est non seulement capable d'un degré beaucoup plus grand de mentalité concrète, mais il y ajoute la mentalité abstraite. Seul, il a le pouvoir de créer des idées abstraites ; seul, il possède un centre de conscience bien net, un « moi » bien déterminé ; l'animal ne l'a pas encore acquis.

Quand un être est arrivé au stade du « moi », quand il peut se sentir vivre comme un individu très distinct, cet être, d'éternel qu'il était inconsciemment devient immortel consciemment ; il était éternel sans le savoir ; il devient immortel ; le sentiment du « moi », en révélant à l'être son identité, permet l'immortalité consciente.

Au-dessus du corps mental se trouvent des véhicules encore plus élevés : deux encore (je dis deux pour limiter notre sujet) doivent être construits par Dieu le Fils pour réaliser les deux dernières étapes de notre humanité. Le deuxième s'appelle, dans la terminologie hindoue, le corps « bouddhique » ; nommons-le, comme Saint Paul, le corps spirituel ; peu importe son nom, d'ailleurs, ce qu'il importe de fixer, c'est sa signification.

Dans ce corps, l'homme a gagné une qualité de plus, il a acquis une extension nouvelle de sa conscience. Il ne se sent plus distinct des autres ; il sent que sa vie est commune à tous les êtres ; quand il porte sa pensée sur un de ses frères, à quelque stade d'évolution qu'il appartienne, même au stade animal, — car les animaux sont nos frères cadets, — il peut sentir la vie de cet être vibrer dans son cœur, et savoir ce qu'il pense, ce qu'il ressent.

Avant le développement du corps spirituel, cela lui était impossible ; il pouvait, jusqu'à un certain point, juger de l'état de conscience d'un animal aux indications formées par ses mouvements, mais il se trompait souvent ; maintenant, il peut le sentir directement, il possède un corps capable de vibrer à l'unisson de l'âme d'un être quelconque, — le corps spirituel. Il sent la vie des autres, leurs joies comme leurs douleurs ; il est au stade surhumain, — l'état de Christ, dont parle saint Paul ; l'homme a fait son salut, — ou plutôt Dieu le Fils l'a fait pour lui ; il l'a racheté.

La Rédemption présente trois stades : le stade d'*immortalité* donné par l'humanisation, le stade de *salut* donné par l'état de « Christ », et enfin le stade de *libération* amené par le corps nouveau que va être créé encore.

Ce corps, que nous appellerons le « corps divin », permet à l'homme ainsi divinisé de se sentir plus qu'un frère de tous les êtres, plus qu'un rayon du même Soleil divin ; sa conscience s'est agrandie si infiniment qu'il se sent comme le Soleil lui-même ou mieux, comme le *centre* dans le grand Centre ; il sait qu'il est l'Unité, que toute cette longue évolution maintenant derrière lui n'a été qu'une illusion. Heureuse illusion ! Donnant au mot illusion le sens de faute, nous pourrions paraphraser Saint Thomas et dire *felix culpa*, car c'est grâce à cette illusion, cause de tant d'erreurs, que le jour vient où l'être s'unifie avec sa source, Dieu, cet être est alors à la fois absorbé en Dieu, et conscient de son « moi », de son *individualité passée*, car la mémoire lui rappelle ses vies écoulées et lui conserve le souvenir de tout ce qu'il a appris et accompli au cours de son évolution. Il est devenu un dieu en Dieu.

Telle est l'œuvre du deuxième Logos, du Fils de Dieu incarné dans les formes de l'Univers. Nous verrons tout à l'heure que le Père intervient vers la fin de l'évolution et qu'il donne la main, pour ainsi dire, à son Fils pour compléter la Rédemption.

***

Quel fut, dans l'antiquité, le symbolisme de cette œuvre grandiose ? C'est ce qui est devenu, dans le christianisme, le *Credo*.

Le Credo, ou plutôt sa base documentaire, est d'origine égyptienne ; le Christ l'enseignait à la communauté essénienne à son retour d'Egypte, puis à ses premiers disciples ; et la tradition nous l'a transmis.

Je passerai sur les déformations qu'il a subies sous l'influence de copistes peu soigneux et de traducteurs inexacts ; le fond n'en reste pas moins éclairant et le symbole caractéristique.

Après la création de la matière faite par l'Intelligence cosmique, — le Saint-Esprit, — vient la construction et la préservation des formes par le principe d'amour, par Vishnou, le Fils, le Christ cosmique qui s'incarne et descend dans les différents états de matière « pour notre salut, » dit le Credo.

Il souffre, dit le Credo.

Que veut dire cette expression ?

Quand l'évolution amène les êtres à se revêtir de matière hyperphysique (souvent appelée matière astrale), la sensation commence ; l'âme des formes souffre au contact des chocs des éléments de l'Univers, et cette âme n'est pas autre chose qu'une étincelle de la Vie divine, de la vie du Fils de Dieu, du Christ cosmique. C'est pourquoi le symbolisme a fait souffrir le Fils de Dieu.

Puis, ajoute le Credo, il est crucifié.

A mesure qu'il descend plus bas encore, la matière se densifie proportionnellement, c'est la croix des quatre éléments (la matière physique). Il souffre plus cruellement encore. C'est sur le plan physique, sur la terre, en effet, qu'est le règne de la douleur la plus intense, — du crucifiement.

Il meurt enfin.

Nous l'avons vu précédemment, la Vie divine, à mesure qu'elle s'incarne dans la matière grossière, paraît mourir. Rappelez-vous l'état minéral.

Mais le Christ ressuscite, continue le Credo.

Cette résurrection est progressive. Elle commence au point tournant de l'évolution, dans le minéral, puis elle atteint l'animalité et enfin l'humanité : quand l'homme est créé, le Christ est pleinement ressuscité ; il n'a plus qu'à faire son ascension.

On dit qu'il ressuscite le troisième jour : c'est l'une des déformations du symbole auxquelles je faisais allusion tout à l'heure. Il ressuscite en réalité, le quatrième jour, c'est-à-dire au quatrième cycle : l'humanité a été créée, en effet, au quatrième cycle de notre univers.

Elucidons de suite un point embarrassant. Le Credo de Nicée dit : « Il se fit chair, il se fit homme. »

Notez l'ordre : l'animalité précède l'humanité. C'est l'ordre naturel de l'évolution.

Il fait enfin son ascension, — il monte au Ciel, — et s'assied à la droite du Père.

*
* *

Je vous ai dit, au début, que pour la création des êtres il fallait produire les éléments de la matière de leurs corps, construire ces corps et enfin développer le centre de conscience des formes créées. La matière est l'œuvre de l'intelligence ; la forme rend la conscience possible, c'est la Vie divine qui la réalise ; mais le « moi », rayon de l'Être abstrait, Dieu le Père peut, seul, le donner.

On dit, dans le symbolisme chrétien, qu'il rachète les êtres ; il les rachète de l'ignorance mère du péché. Cette phase de la création, — la Rédemption — mérite donc une étude spéciale que j'ai esquissée en quelques mots et que je vais compléter.

La Rédemption se fait au stade humain ; elle constitue l'éveil définitif du centre de conscience.

Le « moi » s'éveille lentement au cours de la résurrection de la Vie ; un embryon de mentalité se trouve déjà dans les végétaux ; il grandit dans l'animalité mais ne se manifeste réellement que dans l'humanité. Ce « moi » constitue l'essence de tout être ; c'est un rayon de la vie du Père. Le Père est, en effet, le centre de l'univers, le Fils et le Saint Esprit sont ses deux bras : l'amour et la sagesse.

Le Père se sacrifie, comme le Fils et le Saint-Esprit l'ont fait.

Quand l'Humanité est prête à naître, il descend vers le Fils qui lui amène les résultats de l'évolution passée, — des millions de formes prêtes à recevoir la haute intellectualité ; il prend ces formes, les anime, les éclaire, leur donne un « moi », les unit à lui, épanouit leur conscience.

Quand l'humanité est créée, le premier stade de la Rédemption est accompli ; les autres suivent avec les siècles. Après l'homme doit naître le « divin Enfant », le Christ de saint Paul ; l'enfant grandit jusqu'à la maturité, jusqu'au Christ parfait qui fait son ascension et qui, dès lors, peut jouer le rôle de Sauveur du Monde : il a tout appris, il peut tout enseigner, il a l'amour parfait et la puissance totale.

Le Sacrifice Universel

L'idée de création est étroitement associée à l'idée de sacrifice ; nous avons vu l'Infini se sacrifiant pour former le Logos. Le Logos, — la Trinité, — se sacrifie pour créer les êtres de l'Univers, — il leur donne un corps avec les lambeaux de son corps, une âme avec la chaleur de sa vie, un « moi » avec un rayon de son « moi ».

Le sacrifice est partout ; sans lui, rien n'existerait.

Les atomes en se sacrifiant permettent la construction des organes ; les organes se sacrifient à la vie générale du corps ; le corps physique qui manifeste la vie physico-chimique, est sacrifié aux corps subtils qui permettent la sensation, la mentalité, l'amour, la volonté : il est le servant de tous. Le corps de la sensation est sacrifié à celui de la mentalité ; mais l'intelligence qui bride les passions, doit se sacrifier à l'amour qui, seul, doit tout dominer, — l'intelligence et la volonté.

Si nous embrassons un champ beaucoup plus vaste, nous verrons que dans la première moitié de l'évolution, le sacrifice est *exigé ;* les formes encore inconscientes ne peuvent se donner volontairement ; la loi les prend ; quand elles sont devenues des êtres pensants, une humanité, il y a d'abord lutte entre l'intelligence et le cœur; l'intelligence veut garder, le cœur veut donner. Tant que le cœur n'a pas grandi, l'intelligence reste maîtresse, c'est l'heure des combats : nous sommes à cette période.

Quand le cœur est devenu le plus fort, c'est le don de soi par l'amour et la compassion : c'est la paix, l'union, l'âge d'or du futur.

Le premier aspect de la loi évolutive est donc la loi du plus apte, c'est-à-dire du plus fort : le *struggle for life*. Son second stade, est la loi du meilleur, la loi du sacrifice, la loi de la divinité.

Et, quand l'homme est devenu un Christ, quand l'amour du Logos a commencé à se manifester en lui, il s'offre à son tour en sacrifice sur la croix. Il souffre parce que son cœur s'approche de la maturité ; il sent en lui l'écho des vibrations de l'univers, il vit de la vie des autres êtres et ressent leurs joies comme leurs douleurs. Il souffre. En effet ; l'évolution est un pendule ; plus on s'élève, plus on redescend ; plus longue est la période de lumière, plus longue est la période d'obscurité; plus vive cette lumière, plus sombre cette obscurité ; plus grande la joie, plus profonde la douleur. L'humanité comme l'évolution, va par cycles. Il souffre aussi parce que son chemin est escarpé et parce qu'il doit condenser dans un temps très court une grande somme d'expériences ; il souffre parce qu'il doit subir bien des épreuves, toutes très pénibles ; il doit parcourir enfin le Calvaire, l'épreuve suprême où le disciple est isolé et réduit à ses seules forces : tout lui est enlevé, — ses amis, son maître et guide ; Dieu lui-même paraît l'abandonner.

C'est pourquoi la « voie » a été appelée la Voie Douloureuse, et pourquoi le disciple a été appelé l'Homme de Douleur. La douleur l'étreint ; son sacrifice n'est pas toujours joyeux comme celui de Dieu. C'est qu'il est imparfait ; il y a lutte en lui entre le « moi » ignorant qui ne veut pas se sacrifier parce qu'il croit perdre sa vie en se donnant, et le cœur omniscient qui sait que c'est en donnant sa vie qu'on gagne la vie éternelle.

Un symbole magnifique de cette lutte a été donné par le christianisme ; il est exposé dans la vie du Christ évangélique, le Christ mystique humain. Je l'exposerai en quelques mots et vous y verrez combien marquée s'y trouve cette dualité de stades : joie et douleur, lumière et obscurité.

Le Christ naît ; une étoile paraît : l'étoile de l'Initiation, bien connue des mystiques.

Il naît dans une étable : la vie divine vient pour éclairer et dominer le corps animal, — le bœuf et l'âne, les passions. En même temps, la joie (l'initiation) se précipite dans l'âme.

Immédiatement après, c'est la douleur, le cycle ramène l'âme au côté obscur de la nature : c'est la menace d'Hérode, des Puissances malfaisantes de la Nature qui, voyant naître un futur Sauveur veulent l'étouffer au berceau et l'empêcher de grandir ; c'est la lutte qui recommence, plus âpre, plus rude, plus douloureuse que jusqu'ici.

Mais le Christ se développe et, plus tard, le Père vient le bénir : c'est le Baptême de l'eau qui donne les pouvoirs. Voilà le côté joyeux.

Après les pouvoirs, la tentation : c'est le côté douloureux.

Les agents du mal tentent le disciple par l'orgueil et l'ambition ; on le pousse à se servir des pouvoirs pour soi. Mais il a fait vœu de ne les employer que pour les autres.

Il grandit toujours. Il est transfiguré sur la montagne ; il y rencontre les grands Etres (Moïse, Elie) qui l'ont précédé sur le chemin et qui lui souhaitent la bienvenue : c'est la troisième Initiation, un flot nouveau de vie divine inondant l'âme d'une joie et d'une force nouvelles.

Mais en face du Thabor, apparaît le Calvaire.

Une quatrième joie enfin, un nouveau triomphe, le triomphe de Jérusalem ; puis, à côté, la vision du Golgotha.

C'est à ce dernier stade, le stade de l'isolement et de l'abandon, que je faisais allusion tantôt. Une tristesse terrible envahit l'âme, — la tristesse qui naît de l'inutilité apparente de la souffrance : tel devait songer le Christ historique sur le Golgotha, quand il voyait, dans le futur, combien lente serait l'éclosion de la fleur chrétienne !

Alors l'homme est isolé et la Passion commence : la calomnie, les accusations, d'abord ; puis la trahison, le baiser de Judas, l'abandon des amis, le reniement de Pierre, le jugement, la condamnation. La flagellation mêle la douleur physique à la douleur morale ; l'arrachement des vêtements inflige la profanation et le soupçon.

On charge le disciple de la Croix d'humiliation ; il tombe en route, et, meurtri, nul ne l'aide à se relever excepté des forces insignifiantes — Simon et les Saintes Femmes : il demeure seul.

On le cloue sur le bois d'infamie, et les passants disent : « Il sauvait les autres, il n'a pu se sauver lui-même ! » Il pourrait pourtant briser cette croix, et se relever triomphant ; il a tout pouvoir, mais il a fait serment de ne l'employer que pour les autres. Pour lui, il doit s'en tenir à la volonté du Père, à la justice de Dieu ; il attend donc.

Mais l'abandon est complet ; les puissances du mal triomphent. Le « moi » agonisant gémit : « Père, pourquoi m'as-tu abandonné? » Puis il se donne et répond : « Que ta volonté soit faite ! » « Je remets mon âme entre tes mains. »

Vient alors le coup de lance. On perce son cœur, les dernières gouttes de sang tombent sur la croix ; la dernière goutte de la vie de l'initié doit être versée pour l'humanité.

Enfin, il meurt ; le « moi » est vaincu ; sa vie a été transférée dans la vie du cœur ; la vie divine, éternelle.

Il descend aux Enfers.

Quand l'initié ainsi consacré est devenu un Sauveur du monde, il a tous les pouvoirs possibles ; il peut agir sur tous les univers, visibles ou invisibles ; il peut aider les âmes souffrantes dans tous les mondes, — et la tradition dit qu'un nouvel initié peut délivrer un certain nombre d'âmes enchaînées dans ce que l'on appelle les « Enfers ».

Il ressuscite, enfin, comme Christ glorieux, triomphant ; puis il fait son ascension jusqu'au Père.

Tel est le symbole chrétien de la vie du Christ humain, de l'Homme de douleur qui devient un Sauveur du Monde.

Je voudrais vous présenter aussi, en quelques mots, le symbole égyptien du dernier acte, du grand drame du Calvaire, pour vous montrer son identité avec le précédent.

En Egypte, le candidat s'étendait sur une croix évidée, des liens lâchement noués entouraient ses membres ; puis il était mis en transe.

Le thyrse touchait alors son cœur, — le thyrse, symbole de l'homme régénéré, de l'homme possédant tous les pouvoirs ; symbole du système nerveux humain qui sert de medium à la force divine se manifestant sur le monde visible. Quand l'homme est devenu un porteur de thyrse, comme le disait Saint Clément d'Alexandrie, il a le pouvoir de donner toute sa vie, c'est-à-dire d'aider de toutes les forces dont l'homme divin est capable.

Quand le thyrse touchait le cœur de l'initié, c'est qu'il avait acquis les pouvoirs nécessaires pour donner à l'humanité jusqu'à la dernière goutte de son sang, de ses forces.

La lance de Saint Longin n'est que la copie altérée de ce symbole ; aussi expressif dans les deux cas, il est, chez les Egyptiens, plus scientifique, et chez les chrétiens, plus touchant.

L'initié égyptien était ensuite descendu dans un caveau ; il y restait trois jours et trois nuits, puis, le matin du quatrième jour, on le portait au dehors, à l'est de la pyramide, où le soleil levant l'éveillait, lui donnant ainsi sa troisième naissance :

La première lui avait donné l'humanité, la deuxième avait fait de lui un Christ ; celle-ci le consacre Sauveur du Monde.

*
* *

Vous le voyez, le sacrifice est partout, et le Christ humain, lui aussi, est cloué sur la croix ; et c'est par le symbolisme de la croix que je voudrais terminer.

La croix représente la matière différenciée, segmentée : la multiplicité. Le crucifié c'est la Vie divine qui s'enferme dans la matière pour la faire vivre.

Le prototype de tous les crucifiés, c'est le Logos ; il est représenté, dans l'antiquité, comme l'Homme céleste, étendant les bras dans l'espace, dans la joie du don de soi par amour de l'humanité. Il n'est étendu sur aucune croix ; il la forme par ses bras.

Plus tard, quand il s'est enseveli dans la nature, dans l'Univers, il est caché dans la croix de l'Incarnation : la croix grecque dont les branches sont égales. Rien n'apparaît en elle, d'abord ; puis elle commence à donner des signes de vivification ; l'énergie divine en irradie ; de ses extrémités sortent des flammes ; c'est la croix cramponnée, la svastika. Bientôt par l'intensification de la vie, la croix se met à tourner ; le long de ses branches circule la flamme qui, en s'élargissant, forme la croix de Malte ; puis tournant de plus en plus vite, elle devient une roue de feu divin : telles sont les formes les plus communes de la croix de la Création.

Il en existe une autre forme bien connue dans les siècles derniers et qui a donné son nom à une société jadis fameuse. A l'intersection de ses deux branches se trouve un bouton de rose, celui-ci s'épanouit peu à peu ; les couleurs rosées de la vie s'accentuent en lui, la lumière le pénètre et il s'étale en la Rose-Croix.

Quand la rose est pleinement épanouie, le feu divin court le long des branches de la croix jusqu'à ce qu'elle soit en pleine effulgence de vie divine.

C'est la deuxième des grandes formes de la croix de la création. Ni l'une ni l'autre n'ont sur elles d'image clouée ; Dieu n'est pas encore assez manifesté pour être représenté par une forme humaine.

Mais dans le sacrifice de la deuxième personne de la Trinité cette figure se montre : c'est alors la croix latine, la croix de nos crucifix : la croix de l'Incarnation.

Ses deux bras sont inégaux ; la figure humaine étendue sur elle représente le Fils de Dieu s'incarnant pour être crucifié dans la matière. Mais ses yeux sont ouverts, il respire la joie, il se donne au monde avec amour.

Plusieurs modifications se sont présentées dans ce symbole depuis l'antiquité. Nous y trouvons, en particulier, la couronne d'épines : les rayons d'or de la gloire divine se sont obscurcis par leur immersion dans la matière et ont produit la couronne d'humiliation.

On a fermé les yeux du Christ par la mort ; on a percé ses mains et ses pieds de clous : ceci date seulement du XIIe siècle.

Partout et toujours la Croix a été le symbole du sacrifice, et c'est le sacrifice qui constitue la vie de l'homme qui marche vers la divinisation.

Dans un manuel, à l'usage des disciples des Maîtres orientaux, se trouvent deux versets caractéristiques que je vous demanderai la permission de citer en finissant :

« Les seules actions dignes de la vie du disciple sont celles à travers lesquelles brille la lumière de la croix. »

Et plus loin :

« Quand le disciple entre sur la voie, il dépose son cœur sur la croix ; quand la croix et le cœur sont devenus un, alors il a atteint le but. »

APPENDICE

Cet appendice est dû à l'un de nos collègues de la Société théosophique, à un savant qui désire garder l'anonyme. C'est un docteur ès sciences, qui a fait de très intéressantes découvertes dans la spectroscopie. Nous le remercions affectueusement de l'aide qu'il a bien voulu nous donner.

***

Voir page 9, 3e alinéa.

Théorie de Croll et Geikie sur la période glaciaire.

D'après la théorie de M. James Croll, la période glaciaire ou les périodes glaciaires seraient dues aux variations périodiques, admises par les astronomes, de l'excentricité de l'orbite terrestre. Cette excentricité pourrait amener de grandes variations dans les quantités de chaleur versées par le soleil sur la terre. Ces quantités, entre le maximum et le minimum, pourraient varier entre elles, comme 19 à 26. Pendant la période de grande excentricité les états glaciaires alterneraient environ tous les 10.000 ans d'un pôle à l'autre, par l'effet du mouvement de la précision des équinoxes, ce qui expliquerait les époques interglaciaires. Se basant sur cette théorie, le célèbre géologue américain James Geikie ferait dater la dernière invasion glaciaire de la plus récente période de grande excentricité, c'est-à-dire d'environ *deux cent mille ans* (d'après Lapparent, *Traité de géologie*, t. III).

***

Voir page 10, 2e alinéa.

L'Atlantide et la science contemporaine.

Nous extrayons ce qui suit du Traité de géologie de G. de Lapparent, membre de l'Institut (4e édition, t. III, p. 1638).

« A l'époque tortonienne (miocène moyen) il devait exister une « ligne de rivage ou tout au moins une chaine d'îles, permettant la

« migration des mollusques entre les Antilles et la Méditerranée. « Nous savons de plus qu'aucun dépôt marin du tertiaire supérieur « n'est connu dans les pays septentrionaux riverains de l'Atlantique. « Donc la région nord de cet océan devait être, en grande partie « du moins, occupée par une ou plusieurs terres. Le premier mor- « cellement de ces terres a permis l'arrivée dans la Méditerranée, « par le détroit Bétique (1). Le second, sans doute plus important, a « favorisé à l'époque sicilienne (2) l'entrée des coquilles arctiques « en pleine Méditerranée. Ainsi la fin du pliocène et la majeure « partie du pleistocène ont été marquées par une suite d'effondre- « ments dont le résultat définitif a été d'ouvrir entre l'Europe et « l'Amérique, la fosse de l'Atlantique septentrional. De là peut être « un vague souvenir qui se serait conservé dans la mémoire des « premiers hommes et aurait donné lieu en s'altérant à la légende de l'Atlantide. »

Le glaciaire... « La distribution des courants d'air étant influencée « au plus haut degré par la répartition relative des terres et des « eaux, on conçoit, d'une part, que l'écroulement des terres atlan- « tiques ait facilité l'arrivée des courants d'air humides, d'autre « part que les alternatives traversées avant l'effondrement définitif « aient provoqué de grands troubles atmosphériques. La multipli- « cité des invasions glaciaires trouverait alors son explication dans « une succession de mouvements produisant tantôt une exagération « tantôt une diminution des neiges.

« Comme il est probable que c'est aussi à une époque géologique « récente que s'est consommée la séparation du Brésil avec l'A- « frique, on peut attribuer à l'ouverture de l'Atlantique méridional « une part dans les phénomènes qui ont donné naissance au lœss « des Pampas et aux glaciers pléistocènes de l'Amérique du Sud ».

∴

Voir page 14, 3ᵉ alinéa et page 16.

Les cycles ésotériques et la tradition.

Toutes les périodes cycliques des hindous ont pour base le chiffre $432 = 216 \times 2 = 6^3 \times 2$. Elles sont réparties ainsi :

(1) Au pied de la Sierra Morena, s'étend l'ancien *détroit bétique* par lequel l'Océan a communiqué avec la Méditerranée jusqu'à l'heure des grands mouvements alpins (fin du miocène). Lapparent. Leçons de géographie physique.

(2) Pliocène supérieur.

Satya yuga. . . .	432.000 ares × 4 =	1.728.000	= 4 × 2 × 6^3 × 10^3
Treta yuga . . .	432.000 " × 3 =	1.296.000	= 3 × 2 × 6^3 × 10^3
Avapara yuga. . .	432.000 " × 2 =	864.000	= 2 × 2 × 6^3 × 10^3
Kali yuga	432.000	432.000	= 1 × 2 × 6^3 × 10^3
Maha yuga. . . .		4.320.000	

D'autre part, Schleiermacher utilisant des commentaires d'Aristote a établi, que Platon employait dans ses computations le demi-cycle ayant pour base $\frac{432}{2} = 216 = 6^3$.

Bérose en transmettant les évaluations chaldéennes de la période comprise entre la création de l'homme et le déluge, lui attribue une durée de 120 saros. Or le saros est de 3600 ans, 120 saros valent donc la Kali yuga indoue, c'est-à-dire 432.000 ans.

On peut rapprocher de ce qui précède une tradition de la mythologie scandinave ; dans les Eddas, le Walhalla possède 540 portes, et avant que se produise le « crépuscule des dieux », 800 héros, serviteurs d'Odin, devront être sortis par chacune de ces portes. Or, 800 × 540 = 432.000.

∴

Voir page 16, 4e alinéa.

Dans un ouvrage récent (1) couronné par l'académie des sciences de Toulouse, un chercheur érudit M. Rémond a groupé, d'une part, toutes les preuves données dans les différentes publications scientifiques pour établir la très haute antiquité de l'homme, contemporain de la période glaciaire, et d'autre part, il groupe dans un faisceau d'une argumentation très serrée les raisons qui nous portent à considérer : 1° que le phénomène glaciaire est périodique ; 2° qu'il n'est explicable que par des causes astronomiques ; 3° parmi celles-ci, la seule applicable paraît être la variation des climats accompagnant la variation de l'obliquité de l'axe de la terre ; 4° cette variation d'obliquité n'est pas limitée, elle diminue d'un degré en 7.800 ans, et il faut à l'axe 700.000 ans, pour parcourir tous les degrés de l'inclinaison de 0 à 90°.

« C'est donc cette durée qui sépare le paroxysme d'extension des glaciers du paroxysme de leur retraite. Depuis cette dernière époque à laquelle l'axe était incliné de 90°, l'inclinaison a diminué de 67° qui multipliés par les 7.800 ans nécessaires à la diminution

(1) L. Rémont, *Douze cent mille ans d'humanité et l'âge de la terre.* Imprimerie de Monaco, 1902.

d'un degré donnent 520.000 ans, qui ajoutés aux 700.000 forment un total de 1.220.000 ans depuis les preuves les plus anciennes que l'homme a laissées de son intelligence. »

Il est d'ailleurs intéressant de noter que les inclinaisons des axes des différentes planètes sur l'écliptique ont des valeurs très différentes; Jupiter est incliné de 3° seulement, Mars de 29°, Uranus de 69°, Mercure de 70°, Vénus de 75°. On attribue la cause des inclinaisons à l'attraction que les planètes exercent les unes sur les autres.

Le général Drayson, ancien professeur de mathématiques au collège militaire de Sandhurst, a traité pleinement ce sujet dans deux ouvrages :

Thirty thousands years of the earth's past history et *Importants facts and calculations for the consideration of astronomers and geologists.*

Parmi les preuves réunies par M. Rémond pour donner une idée de l'ancienneté de l'homme, citons seulement deux exemples : « Une des actions les plus caractéristiques et les plus générales des « glaciers est, dit M. de Mortillet, de polir les roches sur lesquelles « ils reposent et glissent. La colline calcaire qui domine Aix-les- « Bains en Savoie a supporté l'ancien glacier de la Haute Isère et a « été entièrement polie par lui. Ce poli s'observe partout où la « roche a été préservée du contact de l'eau et de l'air par une « couche de terre argileuse. Mais là où cette roche a été soumise « aux actions atmosphériques il s'est produit à sa surface des corro- « sions qui ont donné lieu à la formation d'excavations, de creux « et surtout de nombreux et profonds sillons.

« Dans cette colline, les Romains ont ouvert une carrière pour « construire en belle pierre de taille les monuments qu'ils ont « laissés dans la contrée. Les corrosions opérées par les actions « atmosphériques pendant 1800 ans sur les surfaces laissées à nu « dans la carrière romaine ne sont que de deux ou trois millimètres « de profondeur tandis que les anciennes, tout à côté, sur le même « calcaire atteignent en moyenne un mètre. »

En effectuant le calcul, on trouve que l'époque où les glaciers ont abandonné la vallé d'Aix remonterait à 720.000 ans.

En 1867, M. Viviau comparant la faible couche de stalagmites qui, dans la caverne de Keut (Angleterre), recouvre les objets romains, avec celle très puissante sous laquelle on rencontre le magdalénien et le moustérien, estime que la formation de cette dernière a exigé 364.000 ans.

D'autres déductions basées sur des observations analogues confirment le colossal recul dans la nuit des temps de l'apparition de l'homme sur la terre, et la durée, qui doit s'évaluer par plusieurs centaines de mille ans, de la période paléolithique pendant laquelle il ne savait faire usage que de silex taillés et non polis.

Chaque jour la science fait un pas de plus vers la vérité et chacun de ces pas vient confirmer les assertions de la *Doctrine secrète*, ce legs précieux fait à l'humanité du futur par les plus grands des hommes des humanités passées.

ADDENDA

Page 14, ligne 28, au mot Hérodote ajouter la citation :
Hist. T. II, chap. CXLII et CXLIV.

Page 16, ligne 32 : la citation d'Hérodote est prise à son *histoire*, t. II, chap. CXLII et CXLIV.

ERRATA

Page 34, ligne 32, lire *Scott* Erigène au lieu de Saint.
Page 35, ligne 30, *lutte* au lieu de luttes.
» ligne 20, *de* christianisme au lieu de du.
Page 42, ligne 33, *William* au lieu de Williams.

RENSEIGNEMENT

Société théosophique

La Société théosophique est une organisation composée d'étudiants appartenant, ou non, à l'une quelconque des religions ayant cours dans le monde. Tous ses membres ont approuvé, en y entrant, les trois buts qui font son objet ; tous sont unis par le même désir de supprimer les haines de religion, de grouper les hommes de bonne volonté, quelles que soient leurs opinions, d'étudier les vérités enfouies dans l'obscurité des dogmes, et de faire part du résultat de leurs recherches à tous ceux que ces questions peuvent intéresser. Leur solidarité n'est pas le fruit d'une croyance aveugle mais d'une ardente aspiration vers la vérité qu'ils considèrent, non comme un dogme imposé par l'autorité, mais comme la récompense de l'effort. Ils pensent que la foi doit naître de l'étude ou de l'intuition, qu'elle doit s'appuyer sur la raison et non sur la parole de qui que ce soit.

Ils étendent la tolérance à tous, même aux intolérants, estimant que cette vertu est une chose que l'on doit à chacun et non un privilège que l'on peut accorder au petit nombre ; ils ne veulent point punir l'ignorance, mais la détruire. Ils considèrent les religions diverses comme des expressions incomplètes de la Divine Sagesse et au lieu de les condamner, ils les étudient.

Leur devise est Paix ; leur bannière, Vérité.

La Théosophie peut être définie comme l'ensemble des vérités qui forment la base de toutes les religions. Elle prouve que nulle de ces vérités ne peut être revendiquée comme propriété exclusive d'une église. Elle offre une philosophie qui rend la vie compréhensible et démontre que la justice et l'amour guident l'évolution du monde. Elle envisage la mort à son véritable point de vue, comme un incident périodique dans une existence sans fin, et présente ainsi la vie sous un aspect éminemment grandiose. Elle vient, en réalité, rendre au monde l'antique science perdue, la science de l'âme, et apprend à l'homme que l'âme c'est lui-même, tandis que le mental et le corps physique ne sont que ses instruments et ses serviteurs. Elle éclaire les Ecritures sacrées de toutes les religions, en révèle le sens caché, et les justifie aux yeux de la raison comme à ceux de l'intuition.

Tous les membres de la Société théosophique étudient ces vérités, et ceux d'entre eux qui veulent devenir Théosophes, au sens véritable du mot, s'efforcent de les vivre.

Toute personne désireuse d'acquérir le savoir, de pratiquer la tolérance et d'atteindre à un haut idéal, est accueillie avec joie comme membre de la Société théosophique (1).

SOCIÉTÉ THÉOSOPHIQUE

Siège de la Section française, 59, avenue de La Bourdonnais, Paris.

BUTS DE LA SOCIÉTÉ

1° Former le noyau d'une fraternité de l'humanité, sans distinction de sexe, de race, de rang ou de croyance.

2° Encourager l'étude des religions comparées, de la philosophie et de la science.

3° Etudier les lois inexpliquées de la nature et les pouvoirs latents dans l'homme.

Pour tous renseignements s'adresser, selon le pays où l'on réside, à l'un ou l'autre des secrétaires généraux des Sections diverses de la Société :

France : 59, avenue de la Bourdonnais, Paris, 7e.
Grande-Bretagne : 28, Albemarle street, Londres, W.
Pays-bas : 76, Amsteldjik, Amsterdam.
Italie : 70, Via di Pietro, Rome.
Scandinavie : 7, Engelbreksgatan, Stockholm.
Indes : Theosophical Society, Benarès, N. W. P.
Australie : 42, Margaret street, Sydney, N. S. W.
Nouvelle-Zélande : Mutual Life Building, Lower Queen street, Auckland.
Allemagne : 45, Kaiserallee, Friednau, Berlin.

Etude graduée de l'enseignement théosophique.

Ouvrages élémentaires.

ANNIE BESANT. — Introduction à la Théosophie. 0 50
Dr TH. PASCAL. — A. B. C. de la Théosophie. 0 50
— La Théosophie en quelques chapitres. . . . 0 50
— La Sagesse antique à travers les âges. . . . 1 »»
— Conférences à l'Université de Genève. . . . 0 50

(1) Extrait de *An outline of Theosophy*. par C. W. Leadbeater. Traduction libre.

D. A. Courmes. — Questionnaire théosophique . . . . 1 »»
Arnould. — Les croyances fondamentales du Bouddhisme. 1 »»
Aimée Blech — A ceux qui souffrent . . . . 1 »»

Ouvrages d'instruction générale.

J.-C. Chatterji. — La Philosophie esotérique de l'Inde. . . . 2 »»
Annie Besant. — La Sagesse antique, 2 vol. . . . . 5 »»
A. P. Sinnett. — Le Bouddhisme ésotérique. 3 50
— Le développement de l'âme. . . . . 5 »»

Ouvrages d'instruction spéciale.

Annie Besant. — Karma . . . . 1 »»
— Evolution de la Vie et de la Forme 2 50
— Dharma . . . . 1 »»
— Le Christianisme ésotérique (sous presse) . . » »»
C. W. Leadbeater. — Le Plan astral 1 50
— Les Aides invisibles. . . . . 2 »»
— Le Credo chrétien. . . . . » »»
Dr Th. Pascal. — Essai sur l'Evolution humaine 3 50

Ouvrages d'ordre éthique.

La Théosophie pratiquée journellement 0 50
Annie Besant. — Vers le Temple. . . . . 2 »»
— Le Sentier du Disciple . . . . 2 »»
— Les trois Sentiers. . . . . 1 »»
La Doctrine du Cœur, relié. 1 50
H. P. Blavatsky. — La voix du Silence. . . . . 1 »»
La Lumière sur le Sentier, transcrit par M. C., relié 1 50
La Bhagavad Gita. 2 50

PUBLICATIONS THÉOSOPHIQUES

10, Rue Saint-Lazare, 10, Paris.

CONFERENCES ET COURS

Salle de Lecture. — Bibliothèque. — Réunions.

Au siège de la Société : 59, avenue de La Bourdonnais.
Le Siège de la Société est ouvert tous les jours de la semaine de 3 à 6 heures, prière de s'y adresser pour tous renseignements.

Saint-Amand (Cher). — Imprimerie BUSSIÈRE.

Principaux ouvrages théosophiques en français

Librairie de l'Art Indépendant

10, RUE SAINT-LAZARE, PARIS (IXe)

A. B. C. de la Théosophie, par le Dr Th. PASCAL . . . 0 fr. 50
Questionnaire Théosophique, par D. A. COURMES . . . 1 fr. »»
Théosophie en quelques chapitres, par le Dr Th. PASCAL. 0 fr. 50
A ceux qui souffrent, par Aimée BLECH . . . . 1 fr. »»
Epitome Théosophique, par W.-Q. JUDGE . . . . . 0 fr. 80
Théosophie pratiquée journellement, par X. Y . . . 0 fr. 50
Le Monde Occulte, par A.-P. SINNETT. . . . . . . 3 fr. »»
La Mort et l'Au-Delà, par Annie BESANT . . . . . . 1 fr. 50
Le Plan Astral, par C.-W. LEADBEATER . . . . . . 1 fr. 50
Karma, par Annie BESANT . . . . 1 fr. »»
L'Homme et ses Corps, par Annie BESANT . . . . . . 1 fr. 50
Conférences Théosophiques de 1900, à Genève, par le Dr Th. PASCAL . . . . 0 fr. 50
Essai sur l'Évolution humaine, par le Dr Th. PASCAL . 3 fr. 50
Le Bouddhisme Exotérique (en catéchisme), par H.-S. OLCOTT . . . . 1 fr. »»
Croyances Fondamentales du Bouddhisme, par Arthur ARNOULD . . . . 1 fr. »»
Le Bouddhisme Esotérique, par A.-P. SINNETT . . . . 3 fr. 50
La Clef de la Théosophie, par H.-P. BLAVATSKY. . . . 3 fr. 50
Philosophie Esotérique de l'Inde, par J.-C. CHATERJI. . 2 fr. »»
Le Secret de l'Absolu, par E.-J. COULOMB . . . . . 3 fr. 50
La Sagesse Antique, par Annie BESANT, 2 vol . . . . 5 fr. »»
Le Congrès Théosophique de 1900 . . . . 1 fr. »»
Evolution de la Vie et de la Forme, par Annie BESANT . 2 fr. 50
La Doctrine du Cœur, par X. Y . . . . 1 fr. 50
Dharma, par Annie BESANT . . . . 1 fr. »»
La Vision des Sages de l'Inde, par J.-C. CHATERJI. . . 0 fr. 50
Vers le Temple, par Annie BESANT . . . . 2 fr. 50
Les Trois Sentiers, par Annie BESANT . . . . . . 1 fr. »»
Le Sentier du Disciple, par Annie BESANT . . . . . 2 fr. »»
La Bhagavad Gita (traduction, E. BURNOUF) . . . . 2 fr. 50
La Voix du Silence, par H.-P. BLAVATSKY . . . . . 1 fr. »»
La Lumière sur le Sentier, par M. C. . . . . . . 1 fr. 50
Histoire de l'Atlantide, par W. SCOTT ELLIOT . . . . 3 fr. »»
Les Aides Invisibles, par C.-W. LEADBEATER. . . . . 2 fr. »»
Le Mécanisme de la Pensée, par L. REVEL . . . . . 0 fr. 30
La Doctrine Secrète, par H.-P. BLAVATSKY, 6 volumes, dont 2 parus en 1902, chaque volume (port en plus) . . 6 fr. »»

Revue Théosophique Française le Lotus Bleu, publie la *Doctrine Secrète* en fascicules distincts. — Le numéro 1 franc; Abonnement : France **10 fr.**; Etranger **12 fr.** (Années antérieures, chacune **12 fr.**)

Saint-Amand (Cher). — Imprimerie BUSSIÈRE

www.ingramcontent.com/pod-product-compliance
Lightning Source LLC
Chambersburg PA
CBHW060636100426
42744CB00008B/1647
9782012818606